# 제자 양육을 위한 **순모임** 교재 1

제자 양육을 위한

# 순모임 교재

## 1

배창돈 목사 지음

# 순모임교재 1

초판 14쇄 발행 1999년 01월 20일
개정판 5쇄 발행 2022년 02월 20일

지은이 배창돈
펴낸이 박성숙
펴낸곳 도서출판 예루살렘
주 소 10252 경기도 고양시 일산동구 고봉로 776-92
전 화 031-976-8970
팩 스 031-976-8971
이메일 jerusalem80@naver.com
창립일 1980년 5월 24일(제16-75호)
등 록 (제59호) 2010년 1월 18일

ISBN 978-89-7210-410-0(03230)

책값은 뒤표지에 있습니다.

도서출판 예루살렘은 말씀과 성령 안에서 기도로 시작하며
영혼이 풍요로워지는 책을 만드는 데 힘쓰고 있으며
문서선교 사역의 현장에서 하나님 나라의 비전을 넓혀가겠습니다.

**나의 힘이신 여호와여 내가 주를 사랑하나이다(시 18:1)**

# 교재를 내면서

오늘날 많은 성도들이 말씀의 능력이 무엇인지를 잘 모르고, 보편화된 지식에 얽매여 살아가면서 얼마나 많은 착오와 좌절을 맛보는지 모릅니다.

1987년 가을, 사랑의 교회에서 열린 제자훈련 지도자 세미나에 참석하여 제자훈련의 필요성을 절감하고, 본교회로 돌아와 새롭게 성경공부반을 조직하고 여러 계층과 나이에 따라서 말씀을 적용하면서, 새롭게 변화되는 성도들의 모습이야말로 부족한 종에게 보람의 시간이었음을 재차 강조하고 싶은 것은 하나님의 말씀의 능력에 대한 놀라움과 감사, 그리고 기쁨이 너무도 컸기 때문입니다. 구원의 확신이 없이 수십 년을 안일하게 교회에 다녔던 성도들이 성경공부를 통해 예수님을 만나는 체험이야말로 너무 아름다웠고, 삶의 변화없이 그저 감상적인 예배나 드렸던 성도들이 참된 예배의 삶을 사는 모습은 여러 수고와 힘든 사건들을 압도할 수 있었습니다. 교회 내의 모든 교인들이 쉽게 참여할 수 있는 교재를 만들어 매주 순모임을 가졌던 것을 한데 묶어 교재로 펴낼 수 있게 된 것은 참으로 기쁜 일이 아닐 수 없습니다. 특히 등록한 모든 교인들이 공부했던 내용으로 많은 사람들이 구원의 기쁨과 삶의 변화를 경험한 내용입니다. 또한 필요에 따라서는 교인들에게 제자훈련교재로 사용하기도 하였습니다. 이 교재가 미약하나마 말씀에 대한 열의를 가진 성도들이 참된 제자가 되며, 주님의 교회를 섬기는 청지기로서 아름다운 열매를 맺고, 복음전파에 유익이 되었으면 하는 마음 간절할 뿐입니다.

끝으로 이 책이 나올 수 있도록 제자훈련에 눈을 뜨게 해 주신 사랑의 교회 옥한흠 목사님께 감사드리며 교재가 나오기까지 수고한 예루살렘 출판사 윤희구 사장님과 직원들의 세심한 배려에 감사를 드립니다.

**평택에서 배창돈 목사**

# 차례

## 제1단원 새로운 생활



## 제2단원 능력있는 생활



## 제3단원 교회 생활

# 교재 사용에 앞서

1. 인도자는 기도로 준비하며, 성령님의 인도하심을 구하며 말씀을 대하여야 한다.
2. 이 교재를 공부하기 전, 되도록 성경본문을 미리 보는 예습의 습관을 가지면 더욱 유익한 시간을 가질 수 있을 것이다.
3. 교재에서 제시한 과제물은 빠뜨리지 않고 해야 말씀의 능력을 더욱 체험할 수 있다.
4. 성경본문의 내용을 이해하고, 그 말씀이 내게 주시는 내용을 찾아서 실제적인 삶에 적용시킬 때에 매일매일의 삶이 새롭고, 기쁨과 활력있는 생활이 될 것이다.
5. 특히 인도자의 지도에 잘 따를 때에 영적 성장이 있음을 알아야 한다.
6. 교회에서 실제로 사용했던 교재를 보완한 것으로 제자훈련의 기초단계로 활용하면 유익하다.
7. 모임의 성격과 시간 그리고 인도자에 따라 시간을 조정하여 사용할 수 있다.
8. 전체의 내용이 48주로 구성되어 있어 장기적인 계획(1년)을 세워 인내함으로서 좋은 열매를 맺을 수 있다.

제 1 단원

# 새로운 생활

제1과 예수님은 누구신가? | 제2과 예수님은 무슨일을 하셨나? | 제3과 믿음이란 무엇인가? | 제4과 구원받은 자임을 확신하고 있는가? | 제5과 주님과 함께 생활하고 있는가? | 제6과 말씀의 능력 | 제7과 경건의 시간(Quiet Time) I
제8과 경건의 시간(Quiet Time) II | 제9과 그리스도를 주인으로 모시고 있는가?
제10과 당신은 제자인가?

## 제1과

# 예수님은 누구신가?

독일의 성자 토마스 아 켐피스는 "예수는 다함이 없는 생명의 샘이시니 영원히 마르지 않을 것이다. 누구든지 슬픔이 있거든 그에게 가서 위로하심을 얻을 것이요. 마음이 곤하거든 그에게 가서 쉬임과 기쁨을 얻을 것이다"라고 말했다. 과연 예수님은 누구시며 무엇을 하셨는가에 대해 모르면서 교회에 다니는 사람들이 많이 있다. 예수님을 잘못 알고 있다면 자신에게는 불행한 일이며, 예수님께는 욕을 돌리는 일이 아닐 수 없다. 예수님은 누구시며 나와는 어떤 관계인지 진지하게 생각해 보자.

## 공부할 내용

1. 예수님에 대해 각자가 알고 있는 내용과 자신과의 관계를 서로 말해보자.

## 2. 성경에는 예수님을 어떤 분이라고 말씀하고 있나?

요한복음 14:6 ______________________________

사도행전 4:12 ______________________________

## 3. 예수님은 구원자로 완전한 자격을 갖추신 분인데 어떻게 알 수 있나?

______________________________

______________________________

### 신성

㉠ 천사들의 증거(누가복음 1:35)

______________________________

______________________________

㉡ 하나님의 증거(마태복음 3:17, 마태복음 17:5)

______________________________

______________________________

㉢ 귀신들의 증거(마태복음 8:29)

______________________________

______________________________

㉣ 물위를 걸어오신 예수님의 능력을 본 후(마태복음 14:33)

______________________________

______________________________

㉤ 의심많은 도마의 고백(요한복음 20:28)

______________________________

______________________________

### 인성

㉠ 예수님의 탄생에 대해 알아보자(갈라디아서 4:4)

______________________________

______________________________

㉡ 예수님의 유년시절은 어떠했나?(누가복음 2:52)

㉢ 예수님의 일과 속에서 사람이심을 알아 보자(마태복음 4:2, 마가복음 4:38, 요한복음 4:6~7)

㉣ 왜 예수님께서 사람의 성품을 가지셔야 했는지 서로 토의해보자.

**4. 예수님의 죄문제에 대해 알아 보자.**

자신은 죄에 대하여 어느 정도 솔직한지 말해 보자(로마서 3:10)

예수님은 우리와 어떤 점이 다른가?(히브리서 4:15, 요한일서 3:5)

왜 예수님은 죄가 없어야 하는지 서로 토의해 보자

**5. 위의 말씀을 공부하면서 예수님에 대하여 새롭게 배운 바를 말해 보자.**

당신은 예수님과 어떤 관계가 있는가?

당신의 죄 문제를 해결해 주실 분이라고 생각하는가?

새롭게 배운 바를 생각하며, 서로를 위해 기도해 주는 시간을 갖자.

과제물 : 성구암송-마태복음 1:21

우리는 어떤 사람을 알려고 할 때 그 사람의 발이나 손을 보지 않고 머리를 본다. 그렇다면 교회를 볼 때에도 그 머리를 보아야 할 것이다. 교회의 머리는 예수 그리스도이시다. -Calvin Jean-

제2과

# 예수님은 무슨일을 하셨나?

예수님께서는 세상에 오셔서 수많은 사람들을 만나셨다. 그 만남이 일시적인 사건같이 보였으나 영원한 만남을 위한 시간들이었음을 알 수 있다. 예수님은 세상에서 병자를 고치셨고, 죽은 자를 살리셨고, 낮고 비천하며 버림받은 자들의 친구가 되셨다. 그의 백성의  죄를 위해 고통을 당하셨고, 생명까지 아끼지 않으셨다. 십자가에 돌아가신 후 삼일 만에 부활하셨으며 40일 후에 승천하셨다. 예수님께서 나의 죄 때문에 세상에 오셨고, 죽으셨다는 사실을 공부하면서 그분의 사랑을 깊이 느껴 보자.

## 공부할 내용

1. 예수님께서 나를 위해 무슨 일을 하셨는가? 아는 대로 말해 보자.

2. 예수님께서 세상에 오신 목적에 대해 천사는 무엇이라고 말하고 있나?(마태복음 1:21)

3. 마태복음 27:35~37절의 내용을 쉽게 정리하고 예수님의 죽음에 대해 본문을 중심으로 느낀점을 말해 보자.

4. 이사야 53:5~6절의 내용을 읽고 정리해 보자.

예수님이 고난 받으신 이유는? (5절)

죄에 대한 인간들의 모습은? (6절)

죄 때문에 어떤 일이 일어났는가? (6절)

5. 예수님의 죽음을 통해 사람들에게는 어떤 기쁜 소식이 주어졌는가?(히브리서 10:17~19)

6. 예수님의 부활에 대하여 알아 보자.

예수님 자신의 증거(요한복음 2:19~22)

사도들의 증거(사도행전 3:14~15, 고린도전서 15:3~8)

예수님의 부활로 입증된 사실(로마서 1:4, 4:25, 고린도전서 15:20)

7. 예수님의 승천에 대하여 다음 성경의 내용을 정리하고 느낀점을 말해 보자.(사도행전 1:9~11, 마가복음 16:19, 요한복음 14:2, 로마서 8:34)

8. 예수님은 당신을 위해 무슨 일을 하셨고 지금 무슨 일을 하고 계시는지 말해 보자.

9. 예수님의 모든 사건이 당신을 위함이었음을 알아야 한다. 이 시간 공부를 통해 느낀점을 말해 보자.

과제물 : 성구암송-히브리서 2:18, 로마서 5:8

영국의 유명한 설교가 스펄전 목사가 죽음을 앞두고 문병 온 친구에게 "나의 신학을 한 마디로 요약한다면 〈예수님이 나를 위해 십자가에 돌아가셨다〉는 것이고 내가 죽을 때 만족을 주시는 분도 〈예수님 뿐〉이라네" 라고 말했다

## 제3과

# 믿음이란 무엇인가?

교회에 다니는 사람들 가운데 믿음에 대하여 잘 모르는 사람들이 있다. 믿음이 없으면 죄 문제를 해결 받을 수 없고 천국을 소유할 수도 없기에 불행의 주인공이 될 수 밖에 없다. 믿음에 관하여 새롭게 깨달은 마틴 루터가 종교개혁을 시작하였다. 많은 사람들이 행함과 믿음의 관계를 정립하지 못하여 바른 신앙생활을 하지 못하고 있다면 이는 예수님께서 말씀하신 진리를 바로 깨닫지 못하고 있기 때문이다. 이 시간에는 믿음에 관한 중요한 것들을 공부해 보기로 하자.

### 공부할 내용

**1. 각자가 알고 있는 믿음에 대해 아는 대로 말해 보자.**

2. 믿음은 어떻게 생기는지 로마서 10:17절을 통해 알아 보자.

3. 당신은 무엇이든지 보고만 믿는 그런 자가 아닌가? 창조주이신 하나님께서 하시는 일을 눈으로 확인해야만 믿을 수 있다면 하나님을 모독하는 일이라고 생각하지 않는가? 요한복음 20:24~29절의 내용을 알기 쉽게 서로 말해 보자.

4. 믿음의 대상과 내용을 알아 보자.

**대상** 마태복음 16:16

**내용** ㉠ 로마서 10:9

㉡ 요한복음 3:36

㉢요한복음 17:3

㉣ 베드로전서 1:9

5. 예수님께서 자기를 믿는 사람들에게 무엇을 약속하셨나?(요한복음 11:25)

6. 믿음과 구원은 어떤 관계가 있는지 누가복음 23:39~44절의 내용을 함께 정리하여 서로 토의해 보자.(참조 로마서 10:10)

7. 믿음과 행함(행위)에 대해 알아 보자.

로마서 1:17

갈라디아서 2:16

갈라디아서 3:11

8. 에베소서 2:8~9절을 읽고 느낀 점을 말해 보자.

9. 이상의 말씀에 비추어 볼 때 당신은 믿음이 있는가? 각자 느낀 점을 진지하게 말하고 서로의 믿음을 위해 기도해 주자.

과제물 : 성구암송 - 갈라디아서 2:20

구원을 받게 하는 믿음은 예수 그리스도에 관한 사실을 단순히 동의하는데 그치는 것이 아니라 죄에서 돌이키고 구원을 위해 주님께 의지하는 것입니다.

## 제4과

# 구원받은 자임을 확신하고 있는가?

사탄은 우리가 구원을 확신하지 못하는 가운데 있기를 좋아 한다. 그러나 하나님께서는 자신의 말씀을 통해 분명한 구원의 확신을 주신다. 구원의 확신이 없이 지금까지 교회에 다녔다면 그 기간 동안의 믿음은 참으로 하나님을 신뢰하지 못하고 나 자신의 기분에 따라 신앙생활을 했을 것이다. 이 시간 하나님께서 말씀을 통해 보증해 주시는 구원의 확신을 소유하는 시간이 되도록 하자.

### 공부할 내용

1. 당신은 오늘이라도 이 세상을 떠난다면 천국에 들어갈 것을 확신하고 있는가?

______________________________

______________________________

______________________________

______________________________

2. 죄에 대하여 알아보자.

예수님은 어떻게 말씀하셨나?(요한복음 16:9)

죄의 결과에 대하여 알아보자(에스겔 18:4, 로마서 6:23)

3. 요한복음 3:18절에서 예수님은 무엇에 대해 말씀하시는가?

4. 예수님을 믿는 순간 그 신분이 어떻게 되는지 알아 보자(요한복음 1:12)

5. 예수님을 믿고 하나님의 자녀가 된 자들에 대한 보호의 손이 있음을 성경은 확실하게 보증하고 있다. 다음 성경의 내용을 정리하고 자신에 대한 주님의 사랑을 느낀대로 기록해 보자.

요한복음 10:27~29

로마서 8:35~39

데살로니가후서 3:3

6. 믿는 자들에게 주어진 약속이 무엇인가?(요한복음 5:24)

7. 아직도 구원의 확신이 없는가? 요한계시록 3:20절을 상고해 보자.

예수님은 무엇을 하고 계시는가?

당신의 생애에 들어오시도록 하려면 어떻게?

당신이 마음의 문을 열면 예수님께서 무엇을 해 주시겠다고 약속하시는가?

8. 당신이 예수님을 구세주로 영접하였을 때 성령님께서 당신 속에 함께 하신다. 한번 얻은 자녀의 권세가 결코 없어지거나 누구에 의해 빼앗기지 않음을 알아야 할 것이다(고린도전서 12:3)

________________________________________

________________________________________

________________________________________

________________________________________

________________________________________

9. 요한복음 3:16절의 내용을 읽고 지금까지 배운 바를 정리하고, 오늘 말씀을 통해 확신하고 결단한 것을 고백하고 잠시 기도하는 시간을 가지자.

과제물 : 성구암송 - 고린도후서 8:9

성도들에게 절대적으로 있어야 하는 것이 확신이다. 확신이 있으면 사단의 유혹을 쉽게 이길 수 있으며 삶의 질이 달라져서 기쁨과 풍성한 열매를 얻게 된다.

## 제5과
# 주님과 함께 생활하고 있는가?

사람이 만든 모든 종교의 창시자들은 죽었다(마호멧 63세, 공자 73세, 석가모니 80세, 맹자 83세). 그러나 그리스도인은 죽음을 이기고 부활하신 구세주 예수님을 모시고 사는 사람들이다. 그런데 삶의 변화가 없고 기쁨이 없다면 어디엔가 큰 구멍이 나 있는 것이다. 그 구멍은 무엇이며 나는 지금 어떻게 살아가고 있는가를 말씀을 통해 진지하게 느껴보자.

### 공부할 내용

**1. 예수님께서 당신의 삶에 어떤 변화를 주었으며 예수님을 어떻게 모시고 살아가고 있는지 서로 말해보자.**

________________________________________________

________________________________________________

________________________________________________

________________________________________________

________________________________________________

________________________________________________

2. 주님의 이름에 대해 알아보자(마태복음 1:23)

3. 주님이 어떻게 우리와 함께 하시는지 알아보자.

예수님의 약속(요한복음 14:16~18, 사도행전 1:4)

다음 성경을 보면서 내용을 정리하고 각자 느낀 바를 말하라

㉠요한복음 10:11

㉡요한복음 16:33

㉢ 에베소서 1:21~22

4. 다시 오실 예수님에 대해 마태복음 24:30~31절과 데살로니가전서 4:16절을 보면서 알아 보자. 당신은 예수님의 재림에 대해 어떤 기대감을 가지고 있나?

5. 다시 오실 예수님을 기다리는 우리에게 주시는 교훈을 알아보며 나 자신의 삶과 비교해 보자.

마태복음 25:1~13

데살로니가전서 5:1~2

6. 현재 우리의 생활은 예수님의 재림의 시간과 연결되는 일직선상에 서 있음을 알아야 할 것이다. 도무지 피할 수 없는 시간을 일부러 회피하며 외면하는 어리석음을 범하며 살아가고 있지는 않은가? 이시간 자신의 문제를 서로 내놓고 성령님의 도우심을 구하며 간절히 기도하는 시간을 가지자.

과제물 : 성구암송 - 마태복음 8:17

건강한 그리스도인들은 재림을 사모하며 살아간다. 재림을 사모하며 살아갈 때, 주님을 향해 충성된 삶을 살게 될 것이고, 삶의 변화를 통해 빛과 소금의 역할을 감당하며 세상에서 영향력을 행사할 수 있는 것이다. 영국의 군인이며 정치가였던 크롬웰과 〈천로역정〉의 저자 존 번연도 예수님의 재림을 기다린 그리스도인이었다.

## 제6과

# 말씀의 능력

기도의 사람이었던 죠지뮬러는 "우리의 영적 생활에 있어 그 힘은 하나님의 말씀이 얼마 만큼 우리 생활과 생각 속에 채워져 있느냐에 비례한다."고 말했다. 믿음의 성장은 어느날 갑자기 하늘로부터 내려오는 것이 아니라 말씀을 듣고 행하는 말씀의 능력이 임할 때에 비로소 시작된다. 그러기에 성경을 공부하는 것은 영적생활을 기름지게 하며 하나님의 약속과 보장을 받는 가장 귀중한 일이 될 것이다.

### 공부할 내용

1. 당신은 성경을 어떻게 생각하고 있는가?

2. 예수님은 성경에 대하여 어떻게 말씀하셨는가?(요 5:39~40)

3. 디모데후서 3:16절의 내용을 살펴보자.

하나님의 감동이란 말이 무슨 뜻인가?

교훈과 책망과 바르게 함이라는 구절을 보면서 말씀을 통해 잘못을 지적받고 바르게 고친 일이 있으면 말해 보라.

말씀의 능력만이 당신을 하나님의 사람으로 온전케 할 수 있다는데 대해 무엇을 느끼나?

4. 하나님의 말씀(성경)의 능력에 대해 히브리서 4:12절에는 무엇이라고 말씀하고 있는지 그 내용을 정리하고 아래에 제시한 항목을 보며 느낀 점을 말하라.

말씀의 운동력(활동영역)

말씀의 예리함

영과 육의 문제를 해결

사람의 마음과 뜻을 감찰

5. 하나님의 말씀은 예언되었고 반드시 성취되었다. 우리의 구세주이신 예수 그리스도에 대한 예언과 그 성취를 말씀을 통해 알아 보자.

예수님의 탄생(이사야 7:14, 마태복음 1:18, 21~22)

탄생 장소(미가서 5:2, 누가복음 2:4~7)

고난과 속죄의 죽음(이사야 53:4~6, 베드로전서 2:24~25)

십자가 상에서 무엇을 마실 것인가?(시편 69:21, 마태복음 27:34, 48)

예수님의 옷(시편 22:18, 마태복음 27:35)

6. 그 외에도 예수님에 대한 300가지 이상의 구약예언은 그리스도의 일생에서 모두 성취되었다. 우리에게 약속하신 하나님의 모든 약속은 성취되고 있으며 앞으로도 성취될 것이다. 오늘 공부를 통해 느낀점을 말해보고 말씀을 지식적으로 아는 자가 아니라 말씀의 능력이 임하는 자가 되게 해달라고 간절히 기도하는 시간을 가지자.

과제물 : 성구암송 - 디모데후서 3:16

링컨의 어머니는 링컨에게 '백 마지기의 아름다운 전토를 가지는 것보다 하나님 말씀인 성경대로 살아라'고 가르쳤다. 하나님의 말씀인 성경을 통해 하나님의 지혜를 배울 수 있고 살아계신 하나님의 일하심을 볼 수 있다.

## 제7과

# 경건의 시간(Quiet Time) I

예수님보다 바쁜 사람은 없었을 것이다. 예수님은 많은 무리에게 설교하시고 병자를 고치시며, 오랜 시간 동안의 여행 등 무척 바쁘신 중에도 하나님과 교제의 시간을 가지셨다. 사람은 며칠만 굶어도 몸이 쇠약해지듯이 우리가 영적으로 성숙하기 위해서는 영적인 양식이 필요하다. 만일 1주일간 하나님의 말씀과 기도를 멀리한다면 승리에 찬 생활을 누릴 능력을 상실하고 말 것이다. 전선에 나가 있는 군인은 사령부의 지시를 받아 전투에 임해야 하듯이 우리는 하나님의 지휘를 받아야 한다. 하나님은 우리에게 취해야 할 조치를 알고 계시기에 우리는 그의 인도하심을 받기 위해 경건의 시간이 반드시 필요한 것이다.

### 공부할 내용

**1. 하나님과 교제의 시간을 갖기 위해 일정한 시간을 정해야 한다.**

각자의 하루 일과를 말해 보자.

______________________________

______________________________

2. 하나님과 교제의 시간을 가졌던 다윗에 대해 알아 보자(시 5:3)

3. 예수님은 하루의 일과를 어떻게 시작하셨나?(마가복음 1:35)

내용

시간

장소

4. 다음 성경을 읽고 내용을 정리하고 각자의 느낀 바를 말해 보자.

누가복음 5:15~16

누가복음 6:12~13

5. 예수님께서 경건의 시간(교제의 시간)을 가지셨다면우리가 핑계 댈 이유가 없다. 당신에게 가장 좋은 시간과 장소는?(실시 후 한 주간 후에 결과를 말해 보자)

6. 경건의 시간 중 기도의 시간을 어떻게 가져야 할 것인지 다음의 성경을 통해 알아보자.

마가복음 11:24

빌립보서 4:6~7

7. 성경공부를 통해 결단한 것이 있으면 말해 보자.

과제물 : 성구암송-요한복음 15:7

결코 지지 않는 한 비밀스런 태양은 새벽을 고대하는 사람의 마음에서 비로소 떠오른다. 기도실에서 헐떡이며 하나님을 찾는 사람은 하나님 나라의 깊숙하고 고요한 새벽의 분위기를 맛볼 것이다.

## 제8과

# 경건의 시간(Quiet Time) II

성경은 단순한 시나 도덕책이 아니다. 우리를 구원에 이르게 하는 하나님의 말씀이며, 세상을 이기는 능력이다. 베스트셀러이기에 한번 읽어 보는 책이 아니다. 남을 판단하는 비판서는 더더욱 아니다. 문제는 자신에게 얼마나 이 말씀을 적용시키며 살아가느냐 하는 것이 주님의 관심사임을 명심하고 말씀을 통한 경건의 시간(Q.T)으로 성숙한 신앙인이 되도록 하자.

### 공부할 내용

1. 지난 한 주간 동안 하나님과의 교제의 시간을 가지면서 느낀 점을 말해 보자.

2. 말씀의 중요성에 대해 알아보자.

말씀의 주제(사도행전 17:1~3)

성경의 권유(베드로후서 1:21)

성령의 검(에베소서 6:17, 요한계시록 19:21)

3. 말씀을 묵상할 때는 성령님의 도우심을 구해야 한다. 당신은 성경말씀을 어떤 자세로 대하는가?

4. 말씀을 깊이 상고해야 하는 이유를 다음 성경구절에서 알아 보자.

로마서 10:17

베드로후서 3:18

5. 다음 성경을 읽고 말씀이 주는 교훈을 찾아서 적어보자.

여호수아 1:8

사도행전 17:11

빌립보서 4:9

6. Q.T에 대해서 알아 보자:

Q.T는 "① 내용관찰, ② 느낀점, ③ 결단과 적용, ④ 기도" 의 순으로 진행한다.

내용관찰 : 내용을 쉽게 정리해 봄으로 내용을 이해한다.

느낀점 : 내게 주시는 말씀의 내용을 찾아 기록한다.

결단과 적용 : 구체적으로 말씀을 자신의 삶에 적용하여 문제점을 찾아보고 실천할 것들을 기록한다.

기도 : 결단한 것을 지킬 수 있도록 성령님의 도움을 구한다.

7. 다음 주까지 마태복음 25:14~30절을 가지고 Q.T를 하자.

8. 말씀을 통해 느낀점을 말하고 서로를 위해 기도해 주는 시간을 가지자.

과제물 : 성구암송-빌립보서 4:6~7

성경 없이 그 날을 시작하는 것은 나침반이나 지도 없이 출항하는 선장과 같다
-스탠리 존즈-

## 제9과

# 그리스도를 주인으로 모시고 있는가?

인생은 모든 일에 있어 선택의 연속이다. 선택은 곧 결과의 성패를 예견할 수 있다. 자신 외에는 거의 관심이 없는 선택에 대하여 가장 관심있는 분, 그분이 바로 주님이시다. 그렇다면 어떤 일의 선택이나 소유에 앞서 주님의 인도하심대로 움직인다면 가장 안전한 삶이 될 것이다. 그러기에 인생성공은 무엇을 소유하였느냐가 아니고 주님의 지배하에 있느냐, 아니냐에 있음을 알아야 할 것이다.

### 공부할 내용

1. 지난 주간의 Q.T인 마태복음 25:14~30절을 함께 나누자.

2. 시편 23편의 내용을 읽고 각자 느낀점을 말해 보자.

3. 시편 32:8절의 말씀을 통해 당신은 주님을 지금까지 어떤 분으로 알고 있었는지 말해 보자(참고 시편 14:1)

4. 우리는 어떻게 살아야 하나?(골로새서 1:10)

5. 다음 성경을 찾아보고 내용을 정리하여 내게 주시는 말씀을 생각해 보자.

주님의 위치는?(골로새서 1:18)

주인으로 모시고 있는가?(누가복음 6:46)

나는?(야고보서 4:13~15)

6. 주님은 우리의 모든 분야(돈과 재산, 교육, 가정, 직업, 여가, 거주지)의 주인이 되셔야 하는데 아직 주인의 뜻을 따르지 못한 영역은 어디인지 말해 보자.

7. 1939년 필리핀 대통령 퀘존은 각급 학교에서 가르쳐야 할 시민 윤리원칙 16개조항 제 1조에서 "개인과 국가의 운명을 인도하시는 하나님의 섭리를 믿으라" 고 기록했다고 한다. 주님은 우리의 모든 분야의 주인이심을 생각하며 새롭게 결단한 내용이나 느낀점을 말해 보자.

8. 다음 주까지 시편 2:1~12절을 Q.T해 보자.

과제물 : 성구암송-고린도후서 5:17

믿음을 가졌다는 것은 자비로우신 하나님을 주인으로 모시고 있다는 즐거운 확신을 가지는 것이다.

## 제10과
# 당신은 제자인가?

예수님께서 가시는 곳은 항상 수많은 인파로 들끓었다. 그러나 거기에는 두 종류가 있었다. 제자들과 무리들이었다. 주님의 뜻을 받들어 섬기며 땀 흘리는 제자들이 있는가 하면, 그저 호기심에서 모인 사람 즉 자신의 목적을 달성하기 위해 모인 사람들이 훨씬 많았던 것이다. 구경꾼들은 오히려 주님께로 나아가기를 원하는 자들의 방해물이 되었다. 더우기 예수님을 십자가에 돌아가시게 한 빌라도의 판결을 독촉하던 사람들이 바로 예수님을 따라다니며 열광하던 무리들이었음을 생각할 때 당신은 정말 제자라고 담대하게 말할 수 있는가?

1. 지난 주 과제인 Q.T 시편 2:1~12절을 함께 나누자.

2. 예수님의 제자는 어떤 사람인가? 다음 성경의 내용을 이해하자.

마태복음 11:29

마가복음 2:14

누가복음 5:11

요한복음 6:68~69

3. 다음 성경을 읽고 제자들은 어떻게 생활해야 하는지 느낀점을 말해 보자.

마가복음 8:35

디모데전서 4:6~7

4. 예수님께서 제자들을 세우신 목적을 마가복음 3:14절을 읽고 말해 보자.

5. 다음 성경의 내용을 정리하고 이 말씀과 자신의 모습을 비교해 보자.

마태복음 28:18~20

마가복음 10:29~30

마가복음 16:20

에베소서 5:18

6. 이번 주부터는 성구암송과 Q.T가 함께 과제물로 나간다. 초등학교 1학년생들에게도 과제가 있는데 예수님을 너무 쉽게 믿으려고 하지 않는가? 착실히 이행하여 영적인 성숙에 힘쓰도록 하자.

과제물 : 성구암송–사도행전 1:8, Q.T–마가복음 15:42~46

제자로서 주님을 따른다는 것은 내가 속한 가정, 직장, 학교를 떠나서 생활하는 것이 아니라 주어진 일터에서 제자의 역할을 잘 감당하는 것을 말한다.

제 2 단원

# 능력있는 생활

제11과 하나님은 누구신가? | 제12과 하나님은 어떤 일을 하시는가? | 제13과 인간을 향한 하나님의 뜻은? | 제14과 성령님은 누구신가? | 제15과 성령님은 어떤 일을 하시는가? | 제16과 성령님은 무엇을 기대하시는가? | 제17과 삼위일체이신 하나님

제11과

# 하나님은 누구신가?

하나님은 누구신가에 대해 인간 스스로 결론을 내리거나 확증할 수 있는 아무런 근거가 없다. 오직 하나님께서 자신을 계시해 주시지 않는다면 이는 도무지 불가능한 일인 것이다. 이 시간 하나님의 말씀인 성경을 통해 공부해 보자.

## 공부할 내용

1. 지난 주 과제를 발표하자(성구-사도행전 1:8, Q.T-마가복음 15:42~46)

2. 각자가 알고 있는 하나님에 대해 말해 보자.

3. 다음 성경을 통해 하나님을 어떻게 묘사하고 있는지 알아 보자.

창세기 17:1

창세기 21:33

출애굽기 3:14

신명기 33:27

마태복음 6:32

4. 하나님은 어떤 분이신가? 다음 성경을 통해 알아보자.

신명기 6:4

요한복음 1:18

로마서 11:33~34

5. 시편 90:1~6절의 모세의 기도 내용을 쉽게 정리하고 하나님의 능력과 인생의 모습을 말해 보자.

하나님의 능력에서 느낀점

인생의 능력에서 느낀점

6. 하나님의 속성에 대해 알아 보자.

예레미야 32:17, 마태복음 19:26

요한일서 3:20

시편 139:7~8

신명기 7:9

요한일서 4:8

7. 시편 5:5~6절의 내용을 자신의 말로 쉽게 정리해 보자.

8. 성경공부를 통해 느낀점을 말해 보자.

과제물 : 성구암송-요한일서 4:8, Q.T-역대상 29:10~13

모든 선한 것과 모든 참된 것과 모든 아름다운 것과, 모든 은혜는 다 하나님께로부터 오는 것이다. -뉴먼 목사-

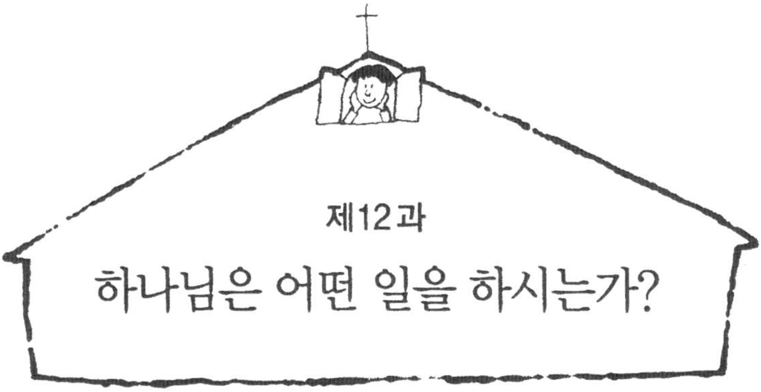

## 제12과
# 하나님은 어떤 일을 하시는가?

Y.M.C.A. 창립자인 영국의 죠지 윌리암즈는 바쁜 생활 중에서도 하나님 중심으로 살았는데, 그는 그의 방안에 "하나님 제일주의"라는 표어를 걸어 놓고는 자신의 삶이 흐트러지지 않도록 노력했다고 한다. 이 시간 하나님께서 어떤 일을 하시는가에 대해 공부하도록 하자.

### 공부할 내용

1. 지난 주 과제물 발표하자(성구-요한일서 4:8, Q.T 역대상 29:10~13).

2. 하나님은 어떻게 자신을 나타내셨나?

히브리서 1:1~2

요한복음 14:9

3. 구약시대에 하나님께서는 어떤 방법으로 나타나셨는가?

출애굽기 3:2

출애굽기 33:9

욥기 38:1, 40:6

4. 하나님은 어떤 일을 하셨는가? 다음 말씀을 통해 알아 보자.

이사야 40:12, 22, 26

시편 96:10, 13

시편 47:7~8

5. 시편 121:3~8절의 말씀의 내용을 정리하고 느낀점과 다음 물음에 답하라.

내용정리

하나님께서 당신을 어떻게 지키시는가?

하나님께서는 우리를 어떤 위험으로부터 건지시는가 구체적으로 기록해 보자.

"여호와께서는 너를 지켜 모든 환란을 면케 하신다"는 말씀 속에서 무엇을 느끼나?

언제까지 지키시나?

6. 하나님에 대한 묘사를 말씀을 통해 알아 보자.

시편 18:30

이사야 55:8~9

7. 다음 성경을 보며 하나님에 대해 알아보자.

로마서 5:8

시편 130:3~4

이사야 1:18~19

8. 말씀을 통해 느낀 바를 말해 보자.

과제물 : 성구암송-시편 18:30, Q.T-고린도후서 6:14~18

한 무신론자가 영국의 철학자이며 신학자인 '윌리암 페일리'에게 신은 존재하지 않는다고 말하자. 자신의 시계를 꺼내어 뚜껑을 열어 보이며 이렇게 말했다고 한다. "이 시계의 태엽과 톱니바퀴가 저절로 맞추어져서 돌아간다고 하면 나를 이상하게 볼 것입니다. 태양의 주위를 돌고 있는 지구와 유성이 속도를 내어 이동하고 있지만 아무런 충돌도 혼란도 일어나지 않습니다. 저절로 그렇게 된 것이라고 믿는 것보다 어떤 분이 만든 것이라고 믿는 편이 자연스럽지 않습니까?" 하나님은 만물을 통해 자신의 존재를 나타내고 계신다.

## 제13과

# 인간을 향한 하나님의 뜻은?

인간을 향하신 하나님의 뜻만큼 인생을 완벽하고 행복하게 해 줄 수 있는 길은 없다. 이러한 사실은 인간의 한계를 빨리 깨닫고 인정하는 사람이면 알 수 있는 것이다. 이 시간 하나님께서 우리에게 무엇을 기대하시는지 말씀을 공부하자.

### 공부할 내용

1. 지난 주 과제를 발표하자.(성구-시편 18:30, Q.T-고린도후서 6:14~18)

2. 하나님께서는 자신에게 무엇을 기대하고 계신다고 생각하는지 평소에 생각하던 바를 말해보자.

3. 하나님께서는 무엇을 기뻐하시는지 다음 성경을 통해 알아 보자.

시편 100:4(참고, 요한복음 4:23)

히브리서 11:6(참고, 히브리서 11:1)

신명기 6:5~6

4. 시편 24:3~5절의 내용을 정리하고 자신의 문제점이 무엇인지 알아 보자.

내용정리

문제점

5. 하나님께서 우리에게 기대하실 수 있는 이유를 다음 성경을 통해서 알아 보자.

고린도전서 6:19~20

______________________________

______________________________

______________________________

고린도후서 5:15

______________________________

______________________________

데살로니가전서 2:12

______________________________

______________________________

______________________________

6. 하나님께 악의 번성을 보며 항변하던 하박국 선지자가 의인은 믿음으로 산다는 진리를 깨닫고 기쁨으로 고백한 그의 신앙을 보며 자신의 모습과 비교해 보고 자신의 문제점을 해결해 보자.

하박국 선지자는 바벨론을 이스라엘 백성들의 악을 바로 잡는 막대기로 삼는데 대하여 불평하였다. 이에 대한 하나님의 답변을 본문 2:4절에서 찾아 보자.

______________________________

______________________________

______________________________

이 말씀은 하나님에 대한 전적인 신뢰를 잊어버렸던 백성에 대한 책망의 말씀이 아닐 수 없다. 신약시대의 유명한 사도였던 사도 바울도 이 말씀의 중요성을 거듭 강조하였다. 로마서 1:17, 갈라디아서 3:11, 히브리서 3:38절의 내용을 다시 한번 자신의 말로 정리해 보자.

______________________________

______________________________

______________________________

믿음의 진리를 깨달은 하박국의 기쁨에 찬 고백인 3:17~18절의 내용을 자신의 말로 쉽게 정리하고 믿음에 대한 자신의 고백과 비교해 보며 느낀점을 말해 보자.

7. **예레미야 9:23~24절의 내용은 무엇을 가르치고 있는가?**

8. **다음 성경에서 하나님께서 무엇을 원하시는지 알아 보자.**

이사야 55:6~9

이사야 66:2

예레미야 7:23

9. **오늘 공부한 내용 가운데서 가장 큰 감동을 준 것은 무엇인가?**

10. **고린도전서 10:31절을 큰 소리로 암송하며 그 뜻을 되새겨 보자.**

과제물 : 성구암송 – 예레미야 7:23, Q.T – 이사야 55:6~9

사람들에게 다가오는 기쁨과 슬픔은 하나님을 믿는 신앙여부에 따라 결정되는 것이다 –스탠리 존즈–

## 제14과
# 성령님은 누구신가?

찰스 스펄전은 "성부 하나님과 성자 예수님에 의해 이루어진 모든 사실을 성령께서 우리의 마음 속에 나타내 주시지 않는다면 우리에게 아무 소용이 없게 될 것이다"라고 말했다. 예상 외로 많은 기독교인들이 성령님께서 어떤 일을 하시는가에 대해 잘 모르고 있다는 사실은 매우 걱정스러운 일이 아닐수 없다. 이 시간 성령님에 대해 공부하도록 하자.

### 공부할 내용

1. 지난 주 과제를 발표하자(성구-예레미야 7:23, Q.T-이사야 55:6~9).

2. 성령님은 어떤 분이라고 생각하고 있는지 아는 대로 말해 보자.

3. 다음 성경을 통해 성령의 명칭에 대해 알아 보자.

이사야 61:1

로마서 8:9

4. 어떤 이들은 성령이 영향력인 것처럼 말한다. 다음 성경에 나타난 성령의 활동을 통해 성령께서 인격이심을 알아보자.

마태복음 10:20

요한복음 16:13

로마서 8:26

사도행전 13:2

5. 창세기 1:2절의 내용을 정리하고 느낀점을 말해 보자(참고: 하나님의 신은 성령을 가리킨다).

6. 성령께서는 인격적인 특징인 지성과 감정 그리고 의지를 가진 분이시다. 다음 성경을 통해 알아보자 ㅓ.

① 요한복음 14:26

내용을 정리하라

인격적인 특성을 찾아보라

자신은 이 말씀에 비추어 성령님의 도우심을 간절히 사모하고 있는가?

② 이사야 63:10

내용을 정리하라

인격적인 특성을 찾아보라

성령을 근심케 한 적이 없는지, 있다면 구체적으로 말해 보고 잠시 회개의 시간을 가지도록 하자.

성령을 근심하게 하지 말아야 할 이유를 에베소서 4:30절에서 찾아보고 느낀 점을 말해 보자.

③ 요한복음 16:8절은 무엇을 가르치나?

④ 사도행전 8:29절은 무엇을 가르치나?

⑤ 사도행전 9:31절은 무엇을 가르치나?

7. 사도행전 5:1~10절에서 아나니아와 삽비라가 왜 죽었는지 말해 보라.

8. 고린도전서 2:10~11절의 내용을 자신의 말로 쉽게 정리하고 느낀 점을 말해 보자.

9. 말씀을 통해 느낀 바를 말해 보자.

과제물 : 성구암송-요한복음 14:26, Q.T-시편 139:7~13

불신자들이 아무리 많을지라도 당신이 성령충만할 때 훨씬 강하다. 엘리야는 850 명과의 싸움에서 당당하게 승리하지 않았는가?

# 제15과
# 성령님은 어떤 일을 하시는가?

성령님은 성부 하나님과 성자 하나님에 의해 이루어진 모든 일들을 우리에게 일깨워 주시며 우리를 영원한 생명으로 인도하시며 매일 삶 속에서 역사하시는 분이다. 말씀을 통해 성령님이 하시는 일에 대해 공부하도록 하자.

## 공부할 내용

**1. 지난 주 과제를 발표하자.**(성구-요한복음 14:26, Q.T-시편 139:7~13)

2. 성령님께서는 자신에게 어떤 일을 하고 계신다고 생각하나 아는 대로 말해 보자.

3. 성령께서 성도들에게 어떤 일을 하시는지 다음 성경을 통해 알아보고 자신은 이러한 사실에 대해 어떻게 생각하고 있었는지 솔직하게 말해 보라.

요한복음 3:5

에베소서 1:13~14

고린도전서 12:3

고린도전서 6:19

4. 고린도전서 2:12~14절의 내용을 읽고 다음 물음에 답하라.

내용을 자신의 말로 정리하라

불신자들과 자신과 다른점 두 가지를 본문에서 찾아 보자.

당신은 성령을 통해서만 하나님의 진리를 깨달을 수 있다는 사실을 믿는가? 하나님의 일을 세상 지식이나 자신의 생각으로 해결하려는 문제점이 있으면 솔직하게 말해 보자(참고: 고전 12:7~8, 11)

**5. 성령께서 어떤 일을 하시는지 다음 성경을 보고 말해 보자.**

로마서 8:14

고린도전서 3:16

**6. 그리스도인들이 성령의 인도하심을 받을 때 어떤 열매를 맺을 수 있는지 갈라디아서 5:22절의 내용을 통해 알아 보자.**

내용을 정리하라.

성령의 아홉 가지 열매를 기록하고 그 내용에 대해 아는 대로 말해 보자.

①

②

③ ______________________________

④ ______________________________

⑤ ______________________________

⑥ ______________________________

⑦ ______________________________

⑧ ______________________________

⑨ ______________________________

자신의 부족한 점을 위해 잠시 기도하는 시간을 가지자.

7. 이 시간 말씀을 통해 느낀 점과 결단한 것이 있으면 말해 보자.

______________________________

______________________________

______________________________

______________________________

과제물 : 성구암송 - 로마서 8:14, Q.T - 사도행전 2:1~21

성령의 하시는 일

1.예수님을 구세주로 나타내신다 / 2.죄인을 거듭나게 하신다 / 3.거듭난 자 안에 계신다 / 4.성도를 도우신다 / 5.성도를 가르치신다 / 6.성도를 위해 기도하신다

## 제16과

# 성령님은 무엇을 기대하시는가?

성령께서는 끊임없이 활동하고 계신다. 우리가 다른 곳에 한눈 파는 그 시간에도 우리를 향한 사랑의 사역을 계속적으로 그리고 완벽하게 하시는 것이다. 이 시간 성령님의 기대에 대해 생각하며 우리의 의무에 대해 공부하도록 하자.

### 공부할 내용

1. 지난 주 과제를 발표하자(성구-로마서 8:14, Q.T-사도행전 2:1~21).

2. 지난 시간에 공부한 내용에 대해 복습하며 실제생활에 적용한 것이 있으면 구체적으로 말해보자.

3. 고린도전서 12:7~11절의 말씀을 읽고 다음 물음에 답하라.

어떤 은사를 주시는가?

은사를 주시는 분은 누구신가?

왜 은사를 주시는지 베드로전서 4:10절을 통해 알아 보자.

4. 성령께서는 그리스도인들을 구체적으로 어떻게 돕고 계시는지 알아 보자.

사도행전 16:6~8

고린도전서 2:4~5

5. 에베소서 4:29~32절의 말씀을 읽고 성령을 근심케 하는 것이 무엇인지 구체적으로 말해 보고 자신의 삶은 어떤지 솔직하게 말해 보자(참고: 사도행전 7:51).

6. 에베소서 5:18~21절 말씀을 자신의 말로 정리하고 다음 물음에 답하라.

성령충만에 대해 아는 대로 말해 보라.

성령충만한 자의 모습을 성경본문에서 찾아 보고 자신의 현재 모습은 어떤지 말해 보자.

7. 성령 충만한 자들의 모습과 결과에 대해 알아 보자.

출애굽기 31:3

누가복음 1:41

사도행전6:3~5

사도행전 7:55

사도행전 11:23~24

8. 오늘 말씀을 통해 가장 큰 감명을 받고 결단한 내용이 있으면 말해 보자.

9. 결단한 내용을 가지고 기도하는 시간을 가지자.

과제물 : 성구암송 - 에베소서 4:30, Q.T - 요한일서 4:2~6

여러 세기를 통하여 하나님께서 쓰신 사람들은 모두 성령의 충만함을 받은 사람들이었다. 미국의 부흥사 찰스 피니와 영국의 요한 웨슬리도 성령 충만한 사람이었다. 그들은 성령충만을 위해 간절히 기도하였다.

## 제17과

# 삼위일체이신 하나님

하나님께서는 세 인격으로 존재하시지만 한 분 하나님이시라는 것을 삼위일체라고 말한다. 어떻게 세 분이 한 하나님이 되는지 쉽게 설명한 수는 없다. 하나님의 속성에 관한한 하나님께서 성경을 통해 계시하신 것 이외의 것으로 상상할 수는 없기 때문이다. 성경에 나타난 성부, 성자, 성령에 대한 기록들이 삼위일체 하나님이심을 나타내고 있다. 이 시간 우리는 성경말씀에서 기록하고 있는 범위 안에서 삼위일체이신 하나님에 대해서 공부하도록 하자.

1. 지난 주 과제를 발표하자(성구-에베소서 4:30, Q.T-요한일서 4:2~6).

2. 삼위일체에 대해 자신이 알고 있는 것을 기록해 보자.

________________________________________

________________________________________

3. 창세기 1:26절과 11:7절에 보면 하나님께서 자신을 복수로 나타내심으로 삼위일체이심을 나타내고 있다. 다음 성경을 통해 알아보자.

창세기 1:26

________________________________________

________________________________________

창세기 11:7

________________________________________

________________________________________

4. 마태복음 3:16~17절의 내용을 통해 하나님께서 삼위일체이심을 알아보자.

내용을 정리하라.

________________________________________

________________________________________

삼위 하나님께서 한 장소에 어떻게 나타나셨는가?

________________________________________

________________________________________

5. 예수님께서는 하나님과 성령님과의 관계를 어떻게 말씀하시는가?

요한복음 10:30

________________________________________

________________________________________

요한복음 14:9

________________________________________

________________________________________

마태복음 28:19

6. **하나님께서 삼위일체이심은 제자들과 사도들을 통해서도 알 수 있다. 다음 성경에서 찾아 보자.**

요한복음 20:28

고린도후서 13:13

사도행전 5:3~4

7. **삼위 하나님은 어떤 일을 하시는지 베드로전서 1:2절을 통해 알아 보자.**

성부

성자

성령

8. **오늘 말씀을 통해 새롭게 느낀 바를 말해 보자.**

과제물 : 성구암송-마태복음 28:19~20, Q.T-요한복음 16:7~15

피조물인 인간이 창조주이신 하나님의 본체를 이해한다는 것은 불가능하다. 하나님께서 말씀하시는대로 믿는 것이야말로 가장 지혜로운 방법인 것이다.

제 3단원

# 교회 생활

제18과

# 기도하고 있는가?(I)

미국의 32대 대통령 루즈벨트가 급사함으로 부통령이던 트루만이 대통령이 되었는데 취임소감을 묻는 기자들에게 "지금 다시 한 번 나를 위해 기도해 주십시오"라는 말을 했다고 한다. 기도는 누구에게나 필요하다. 천한 자나 귀한 자, 강한 자, 약한 자, 모두에게 필요한 것이다. 하나님의 도움없이 사는 세상이 얼마나 비참한지 알아야 한다. 일국의 대통령이 기도를 원하고 있다면 기도의 중요성을 얼마나 실감하고 있는지 알 수 있을 것이다. 이웃에게  기도부탁을 한 적이 있는가? 말씀을 통해 기도의 중요성을 알아 보자.

1. 지난 주간 과제를 발표하자(성구-마태복음 28:19~20, Q.T-요한복음 16:7~15).

2. 기도의 사람들 모습을 성경에서 찾아보자.

아브라함(창세기 24:12)

야곱(창세기 32:9~12)

한나(사무엘상 1:10, 13)

3. 다음 성경을 통해 기도의 요소를 알아 보자.

다니엘 4:34

예레미야 3:13

빌립보서 4:6

신명기 3:24~25

4. 기도의 요소에는 찬양(Adoration), 자백(Confession), 감사(Thanksgiving), 간구(Supplication) 등이 있다. 이 네 가지는 하나님께서 원하시는 기도의 요소이다. 각자의 기도의 내용은 어떤가 서로 말해 보자.

5. 성경에 나타난 기도의 목적을 찾아 보자.

욥기 13:23

욥기 42:4

사무엘상 12:23

시편 119:10

역대상 4:10

느헤미야 5:14~16

6. 각자 어떤 때 기도하는지 말해 보자.(데살로니가전서 5:17)

7. 성경 공부에서 느낀 바를 기록하자.

과제물 : 성구암송_요한복음 16:24, Q.T-사무엘하 7:18~29

다윗의 기도

기도는 인생에 있어서 가장 소중한 일로서 만일 하루라도 기도를 소홀히 한다면 신앙의 정열을 잃게 된다. -마틴 루터-

## 제19과

# 기도하고 있는가?(II)

기도는 하나님과의 대화이며 영혼의 호흡이다. 인간관계도 조심해야 하는데 하물며 하나님 앞에서의 시간을 아무렇게나 보낼 수 없다. 그러기에 기도는 마음을 다하여야 한다. "기도란 예배의 한 순서이며, 우리의 마음과 입술을 통하여 하나님 앞에 간구를 드리며 찬양과 감사를 그에게 드리는 것이다."라고 말한 마틴 루터의 말을 기억하며 성경공부에 임하도록 하자.

### 공부할 내용

1. 지난 주간 과제를 발표하자(성구-요한복음 16:24, Q.T-사무엘하 7:18~29).

2. 다음 성경의 내용을 자신의 말로 정리하고 자신의 기도 생활과 비교하여 느낀점을 말해보자.

사도행전 10:2

마태복음 18:19

시편 88:13

시편 119:62

에베소서 6:18

3. 기도의 응답을 받기 위해 어떤 자세가 필요한지 다음 성경을 찾아보자.

요한일서 5:14

마태복음 21:22

마태복음 6:14~15

데살로니가전서 5:17

4. 당신의 기도가 응답되지 않는 이유를 알아 보자.

이사야 59:1~2

잠언 28:9

야고보서 4:3

마태복음 5:23~24

5. 당신의 기도가 응답받지 못하는 이유를 자세하게 기록해 보자.

6. 당신의 문제점은 반드시 해결되어야만 한다. 해결 없이 정상적인 기도의 생활을 할 수 없기 때문이다. 성도의 특권인 기도를 스스로 포기하는 어리석음을 결코 범하지 말아야 할 것이다. 로마서 8:26절의 내용을 보며 느낀점을 서로 말해 보자.

7. 서로의 문제를 위해 기도해 주는 시간을 가지자.

과제물 : 성구암송-요한일서 5:14, Q.T-마태복음 7:7~11

당신의 기도가 무력하다면 문제는 기도 자체보다는 당신 생활에 있을 것이다. 하나님께 순종하지 않고 있든지, 아니면 하나님을 위해 아무것도 하고 있지 않을 것이다. 어쩌면 어떤 죄가 당신을 가로막고 있는지도 모른다.

## 제20과

# 기도하고 있는가?(III)

아무리 많은 시멘트도 물과 모래 자갈과 혼합하지 않으면 쓸모없는 쓰레기에 불과하다. 성경에는 오천 가지 이상의 약속이 있으나 대다수의 기독교인들은 별 흥미가 없거나 무관심하다. 이 약속에 대해, 믿음과 행함을 혼합하지 않으면 약속을 나의 것으로 만들 수 없다. 특히 수많은 약속을 받는데 가장 중요한 것이 기도임을 다시 한번 강조하고 싶다.

1. 지난 주간 과제를 발표하자.(성구-요한일서 5:14, Q.T-마태복음 7:7~11)

2. 기도에 앞서 필요한 것이 무엇인지 알아 보자.

마가복음 11:22, 24

___

___

___

히브리서 11:1, 6

___

___

3. 능력있는 기도의 사람이 되기 위해 우리가 해야 할 것이 무엇인가?

로마서 12:1, 3

___

___

___

고린도전서 15:58

___

___

에베소서 5:18

___

___

4. 다음 성경의 내용을 정리하고 각자 느낀 바를 말해 보자.

마태복음 15:21~28

___

___

___

누가복음 18:1~8

___

___

___

5. 기도에 대해 공부를 마치며 결심한 바를 구체적으로 기록해 보자.

______________________________________________

______________________________________________

______________________________________________

______________________________________________

______________________________________________

______________________________________________

과제물 : 성구암송 - 로마서 12:1, Q.T - 마태복음 6:9~13

기도를 마치고 침구 속에 파묻히면 내 마음은 가볍고 기쁨에 찬다.
—톨스토이의 저서 유년시대에서—

## 제21과

# 그리스도의 몸인 교회(I)

교회가 무엇인지조차 모르며 교회에 다닌다면 이는 소경인 채 매일 시장 구경을 하는 것과 무엇이 다르겠는가? 들려오는 소리만 듣고 교회를 판단하고 비판하는 잘못된 구성원이 될 것이 아니라 성경에서 말씀하는 교회란 과연 무엇인가를 말씀을 통해 직접 눈으로 확인하고 교회내의 지체로서의 역할을 다해야만 할 것이다. 미국의 비평가였던 멍퍼드가 "교회는 전 인류의 희망"이라고 했듯이 교회가 교회로서의 역할을 다하기 위해서는 나 자신부터 먼저 변화되어야 하는 것이다.

1. 지난 주간 과제를 발표하자(성구-로마서 12:1, Q.T-마태복음 6:9~13)

______________________________________________

______________________________________________

______________________________________________

______________________________________________

______________________________________________

2. 각자가 생각하는 교회에 대해 한 가지씩만 말해 보자.

3. 마태복음 16:18절과 사도행전 20:28절을 읽고 교회와 그리스도와의 관계를 알아보자.

그리스도께서 교회를 세우시기 위해서 어떤 대가를 치루셨는가?(사도행전 20:28)

당신은 교회의 구성원이 되기 위해 어떤 대가를 치루었나?

위의 두 구절에서 느낀 점을 말해 보자.

4. 에베소서 5:25~29절의 내용을 정리하라.

내용정리

그리스도의 교회 사랑에 대해 말해 보자.(참고, 에베소서 5:25)

그리스도께서는 교회가 거룩해지기를 원하시는데 이는 바로 예수님께서 십자가에 돌아가신 이유에 해당한다. 그렇다면 당신은 교회의 구성원(성도)으로서 십자가에 돌아가시기까지 원하신 바램에 얼마나 순종하고 노력하고 있는가 구체적으로 말해 보자.

___

___

___

___

예수님을 사랑하는 자는 교회를 사랑하는가? 당신은 정말 주님을 사랑하는가? 그렇다면 그 모습이 교회에서 어떻게 나타나고 있다고 생각하나?

___

___

___

___

___

5. 교회가 교회의 사명을 망각할 때에 예수님께서 세우신 목적과는 아무 상관없는 공동체로 전락할 수 있다. 이는 개개인이 모여 교회가 되기에 당신은 분명 교회의 사명을 알고 실천해야만 한다. 다음 성경들을 통해 교회의 사명을 알아 보자.

마태복음 28:18~20

___

___

디모데후서 2:1~2

___

___

에베소서 4:11~15

6. 당신은 예수님의 복음전파를 위해 어떤 계획과 실천을 하고 있는가? 구체적으로 기록하라.

7. 영적인 성숙을 위해 어떤 경건훈련과 말씀공부, 그리고 봉사를 하고 있나 구체적으로 기록해 보자.

과제물 : 성구암송 - 에베소서 5:27, Q.T - 에베소서 5:22~32

마귀는 사람들이 교회에 소속하고 모이는 것을 가장 싫어한다.

## 제22과

# 그리스도의 몸인 교회(II)

교회는 건물을 가리키는 것이 아니라 그리스도인들의 모임을 가리킨다. 그리고 이 교회는 유형교회와 무형교회로 나누는데 유형교회는 예배, 교육과 상호 교제를 위하여 그리스도인들이 모이는 모임을 가리키고, 무형교회는 모든 그리스도인들을 지칭한다. 여러 개의 통나무가 함께 있을 때 불이 더욱 세차게 타오르듯이 각자 그리스도의 몸된 교회에서 맡은 바 일에 최선을 다해야만 복음 사역에 더 큰 힘을 발휘할 수 있는 것이다. 당신은 맡은바 직분을 잘 감당하고 있는지 이 시간 말씀을 통해 재조명해 보자.

### 공부할 내용

**1. 지난 주간 과제를 발표하자.**(성구-에베소서 5:27, Q.T-에베소서 5:22~32)

________________________________________

________________________________________

________________________________________

________________________________________

2. 에베소서 1:22~23절의 내용을 정리하자.

3. 그리스도의 몸인 교회에는 맡은 역할이 다른 지체들이 있다. 각 지체들에 대한 주님의 바램을 다음 성경을 통해 알아 보자.

에베소서 4:11~13

고린도전서 12:23~27

①한 지체의 고통은 모든 지체의 고통임을 아는가?

②한 지체의 문제는 모든 지체를 분쟁 속으로 밀어 넣을 수도 있음을 아는가?

③한 지체의 영광이 모든 지체의 기쁨임을 실감하고 있는가?

4. 당신은 교회내에서 지체라는 의식(공동체의식)이 있는가? 다음 성경의 내용을 정리하며 자신의 문제점을 발견해 보자.

고린도전서 12:26

고린도전서 12:15~17

히브리서 10:25

5. 신약시대의 여러 교회의 모습들을 다음 성경에서 찾아 보고 그 특징을 적어보자.

예루살렘교회(사도행전 4:32, 33)

데살로니가교회(데살로니가전서 1:6~10)

라오디게아교회(요한계시록 3:14~17)

6. 오늘 성경공부를 통해 발견한 자신의 문제점을 기록하고 성령님께 문제해결의 도우심을 구하는 기도의 시간을 가지자.

과제물 : 성구암송-히브리서 10:25, Q.T-로마서 12:3~13

신약성경에 교회라는 말이 115회정도 기록되어 있는데 이는 누구든지 교회를 경홀히 여기는 자는 하나님께서 세우신 시설을 업수이 여기는 것으로 교회 출석을 등한시하는 사람들은 분명히 알아야 한다. -RA 토리-

## 제23과

# 그리스도의 몸인 교회(III)

지난 시간에 이어 이 시간에도 그리스도의 몸된 교회에 대해 공부하며 하나님께서 원하시는 교인이 되어 보기로 하자. 교회라는 말은 헬라어 「에클레시아」로 '모임 혹은 믿는 자의 무리' 라는 뜻이다. 각 사람의 개성이나 성장환경, 혹은 지식정도가 다르기에 성령님의 인도하심과 말씀의 능력을 힘입어야만 한다. 결국 우리는 그리스도의 몸안에서 서로 연합되어 있기에 거듭난 사람들은 모두 하나님의 자녀로 그리스도안에서 한 형제요 자매임을 알아야 하는 것이다.

### 공부할 내용

1. 지난 주간 과제를 발표하자.(성구-히브리서 10:25, Q.T-로마서 12:3~13)

2. 초대교인들의 모습을 다음 성경에서 알아 보자.

사도행전 2:41~42

사도행전 4:31, 8:4

사도행전 5:41~42

3. 교회의 목적 가운데 근본이 되는 것이 무엇인지 디모데후서 4:2절을 읽고 내용을 정리하자.

4. 에베소서 4:1~4절의 내용을 정리하자.

내용정리

주님께서 우리를 부르신 부름에 합당하게 행하는 것이 무엇인가?

하나되게 하신 것을 힘써 지키라고 하신 이유는 무엇이며 어떻게 지켜 나갈 수 있나?(참고, 요한복음 17:17, 요한복음 17:21~22)

5. 골로새서 1:18~20절의 내용을 정리해 보고 교회내에서의 나의 모습을 기록해 보자.

6. 데살로니가전서 1:1~10절의 내용을 읽고 하나님께서 원하시는 교인으로서 갖추어야 할 자질을 정리해 보자.

7. 맨처음 교회에 나간 이유와, 지금 다니는 이유, 그리고 오늘 말씀을 통해 깨달은 바를 기록해 보자.

맨처음 나간 이유

지금 다니는 이유

느낀점

과제물 : 성구암송-골로새서 1:18, Q.T-사도행전 2:41~47

교회의 유일한 기초는 예수 그리스도이다. 교회는 "물"과"말씀"으로 그리스도의 새 피조물이 되었다. 그리스도는 하늘로부터 오셔서 교회를 자기의 성스러운 신부로 삼기 위해서 그의 피로 교회를 샀으며, 교회를 위해 생명을 바치셨다. -사무엘 J.스톤-

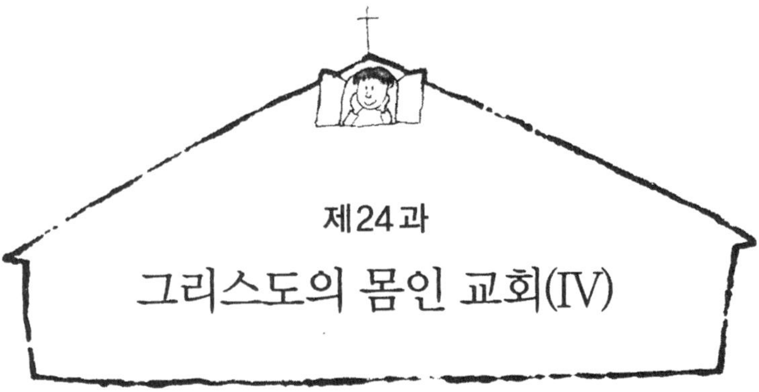

## 제24과

# 그리스도의 몸인 교회(IV)

오늘날 목회자와 성도들과의 관계가 잘못됨으로 복음전파에 막대한 지장을 초래하는 경우를 종종 볼 수 있다. 목사와 성도와의 관계가 바로 정립되어 있지 않을 때 자신에게는 영적 미성숙의 원인이 되며, 이웃에게는 복음의 걸림돌이 될 수 있는 이유가 발생할 수도 있기 때문에 이 시간이 더더욱 중요한 것이다. 목사는 지역교회의 목자이며 영적지도자로 양떼들을 양육하고 훈련시키고 인도하는 책임이 있다. 그러기에 성도들은 목회자와 바른 관계를 맺고 있는지 성경공부를 통해 영적 유익이 되는 시간으로 삼자.

1. 지난 주간 과제를 발표하자(성구-골로새서 1:18, Q.T-사도행전 2:41~47).

2. 예레미야 3:15절의 내용을 정리하고 다음 물음에 답하라.

내용정리

---

---

당신은 하나님의 마음에 합당한 목자를 허락해 달라고 기도해 본적이 있는가? 아니면 자신의 마음에 합당한 목자를 찾고 있지는 않은지 말해 보자.

---

---

---

3. 사도행전 20:28절을 보고 다음 물음에 답하라.

이 직분을 누가 주었나?

---

---

교회지도자들을 어떻게 묘사하고 있는가?

---

---

그들의 책임은?

---

---

4. 말씀을 선하는 자들의 경제적 필요는 어떻게 채워져야 하나?

고린도전서 9:14(참고, 마태복음 10:10, 누가복음 10:7)

---

---

---

갈라디아서 6:6

---

---

---

5. 영적 지도자들을 어떻게 도와야 하는지 골로새서 4:3~4절을 자신의 말로 정리하자.

6. 신앙의 성장을 위해서 교회의 모임은 매우 중요하다. 이 모임에 대해 성경을 통해 알아 보자.

히브리서 10:24~25(참고, 마태복음 18:20, 요한복음 4:24)

당신은 사회 생활에서의 모임보다 교회 내의 모임을 대수롭게 여기고 있지는 않은가? 그렇다면 그 이유는 무엇인가?(참고, 사도행전 19:8~9)

7. 지금까지 교회에 대해 공부하면서 발견한 자신의 문제점을 기록하고 서로를 위해서 기도해 주는 시간을 가지자.

과제물 : 성구암송-고린도전서 6:19~20, Q.T-창세기 3:1~6

주님의 포도원에는 할 일이 너무 많사온데 나만 편안하려고 하다가 잠드는 일 없게 하옵소서. -아멘-

## 제25과

# 그리스도인의 순종생활(I)

각 분야에서 성공한 사람들은 그들에게 주어진 규칙을 잘 지켰기 때문이다. 성도들 역시 창조주이신 하나님 말씀에 순종한다면 아름다운 열매를 맺는 훌륭한 전도자가 될 수 있으며 인생의 모든 결산에서 칭찬을 받을 수 있을 것이다. 예수님에 대한 사랑의 표현은 순종으로 나타나며 순종은 예수님의 완전한 보호 속으로 들어가는 보호막이라고 말할 수도 있다. 그러기에 순종은 세상을 이기는 필수조건임을 잊어서는 안되는 것이다.

### 공부할 내용

1. 지난 주간 과제를 발표하자.(성구-고린도전서 6:19~20, Q.T-창세기 3:1~6)

______________________________________________

______________________________________________

______________________________________________

______________________________________________

______________________________________________

2. 순종이 요구되는 관계를 다음 성경을 통해 자신의 모습을 비추어 보고 느낀점을 진지하게 말해 보자.

누가복음 6:46~49(참고, 사도행전 5:29)

---

에베소서 6:1(참고, 창세기 28:7)

---

에베소서 5:22

---

히브리서 13:17

---

3. 열왕기하 18:11~12절의 내용을 정리하고 시대적 배경과 느낀점을 말해 보자.

내용정리

---

시대적 배경

---

느낀점

---

4. 하나님께 대한 순종의 자세를 다음 성경에서 찾아 보자.

신명기 26:16

사무엘상 15:22

로마서 6:17~18

5. 순종생활은 행복과 자유에 결정적인 영향을 끼친다. 오늘 공부한 내용에 대한 느낀점과 새로운 결단을 기록해 보자.

느낀점

결단

과제물 : 성구암송-요한복음 14:21, Q.T-사무엘상 15:20~26

하나님의 말씀에 불순종한 국가, 개인 중에 행복과 자유를 소유한 민족과 개인이 없는 것은 개인과 국가의 행복이 하나님의 말씀 속에 있기 때문이다.

## 제26과
# 그리스도인의 순종생활(II)

성도의 즐거움은 하나님의 뜻을 따르는데 있다. 세상에서의 어떤 사업이나 명예로 얻어지는 즐거움은 일시적이지만 하나님의 뜻을 따르는 자는 하나님의 속성인 영원, 전능, 전지, 사랑 등의 보장을 받을 수 있기에 그 이상의 즐거움은 없을 것이다. 어리석은 사람들은 자신의 계획변경이 두려워 불순종하지만 주님의 계획은 너무 완벽하여 사람들의 불완전한 계획의 단점과 불완전성을 모두 보완한 완전한 계획임을 안다면 당신은 순종하지 않을 수 없을 것이다.

1. 지난 주간 과제를 발표하자.(성구-요한복음 14:21, Q.T-사무엘상 15:20~26)

______________________________

______________________________

______________________________

2. 순종은 제사 이상의 가치가 있다(사무엘상 15:22). 그렇다면 어떤 자세로 하나님께 순종해야겠는가? 신앙의 인물들을 통해 알아보고 내용을 요약해보자.

노아(창세기 6:22)

여호수아와 갈렙(민수기 32:12)

다윗(열왕기상 15:5)

3. 예수님의 순종을 빌립보서 2:8절을 통해서 알아보자.

내용정리

예수님의 고난을 아는대로 기록해 보자.

예수님의 순종은 고난의 결과였다. 그렇다면 당신은 주님께 순종하기 위해 어느 정도의 고난을 받을 각오가 되어 있는가?

4. 로마서 5:19절을 보고 순종의 중요성을 말해 보자.

5. 순종의 결과에 대해 다음 성경을 찾아보고 결단한 바를 기록해 보자.

마태복음 7:24

마태복음 12:50

요한복음 14:23

신명기 5:29

과제물 : 성구암송-마태복음 12:50, Q.T-누가복음 2:13~34

"권능은 하나님께 속하여 있다. 그런데 우리가 그 권능을 받는데는 조건이 있다.
그 조건은 하나님께 대한 절대 순종이다."-R A 토리-

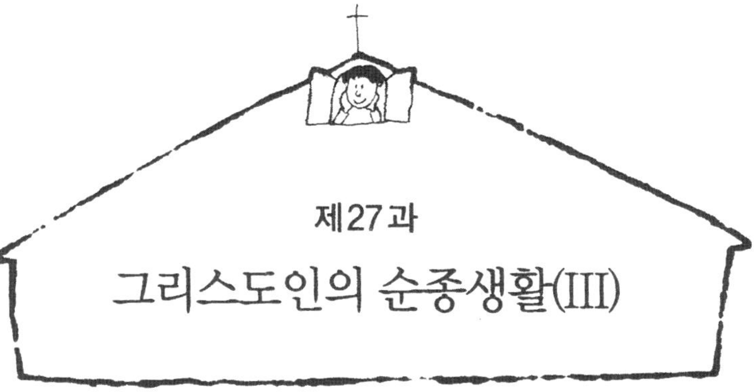

## 제27과

# 그리스도인의 순종생활(III)

성령님의 인도하심에 순종하면 많은 사람을 그리스도께 인도할 뿐 아니라 사람을 결코 두려워하지 않을 것이며, 사탄의 어떤 도전에도 이길 수 있다. 하나님이 원하시는 순종은 단순히 외적인 행동이 아니라 마음 자세까지도 요구하신다. 천지만물의 주인이시며 우리의 모든 것을 허락하시며 삶 전체를 주관하시는 하나님의 뜻에 맞추어 살아가도록 하자.

### 공부할 내용

1. **지난 주간 과제를 발표하자.**(성구-마태복음 12:50, Q.T-누가복음 2:13~34)

2. 왜 순종해야 하는지 다음 성경을 찾아 보자.

마태복음 5:16

요한일서 1:6~7

요한일서 3:23

3. 다음 성경을 보고 순종의 자세를 알아 보자.

시편 119:7

예레미야 29:11

빌립보서 4:9

자신의 성경에 대한 자세는 어떠한가? 꺼림직한 부분이 있으면 기록해 보자.

4. 빌립보서 4:11절을 읽고 사도 바울의 순종생활에 대해 알아 보자.

내용을 정리하라.

순종하는 자는 어떤 처지에서도 자족할 수 있다고 한다. 당신의 순종은 상황과 여건에 따라 달라지는 것은 아닌가? 사도 바울을 통해 느낀 점을 말해 보라(11~12절).

13절을 읽고 느낀점을 기록하라.

19절의 말씀의 의미는 무엇인가?

순종하는 자만이 자족할 수 있고 기뻐할 수 있으며 능력자임을 바울의 모습을 통해 알 수 있다. 순종의 생활을 통해 새롭게 결단한 것이 있으면 각자 기록해 보자.

과제물 : 성구암송-빌립보서 4:9, 13 Q.T-창세기 12:1~9

이 세상에서 영향력을 끼치는 능력 있는 리더의 첫 번째 조건이 순종이다. 아브라함, 모세, 여호수아, 요셉 등은 순종함으로 탁월한 리더의 역량을 발휘했다. 하나님께 순종하지 않는 자는 하나님의 동역자가 아니며 하나님 나라 사역의 리더가 될 수 없다.

제 4단원

# 사역하는 생활

제28과 그리스도인의 전도생활(Ⅰ) | 제29과 그리스도인의 전도생활(Ⅱ) | 제30과 그리스도인의 전도생활(Ⅲ) | 제31과 참된 예배 | 제32과 찬송 | 제33과 주일생활 | 제34과 세례와 성찬 | 제35과 청지기 생활(Ⅰ) | 제36과 청지기 생활(Ⅱ) | 제37과 장래에 대한 계획(직업)

제28과

# 그리스도인의 전도생활(1)

예수님께서 이 땅에서 하신 일 그 자체가 전도였고 제자들에게 부탁하신 말씀까지 증인이 되라는 것이었다. 결국 예수님을 만나자마자 맨 처음 머리에 떠오르는 것은 불쌍한 영혼들에 대한 전도임을 깨달을 수 있을 것이다. 그러기에 기독교는 처음부터 전도의 종교였다. 사도행전만 보아도 이것을 알 수 있다. 제자(사도)들의 전도지역은 예루살렘, 사마리아, 유대, 그리고 로마 등 세계 방방곡곡이었다. 전도는 성도들의 최고의 사명이며, 교회가 온 힘을 기울여 해야 할·최고의 사역인 것이다.

## 공부할 내용

1. 지난 주간 과제를 발표하자(성구- 빌립보서 4:9, 빌립보서 4:13, QT-창세기 12:1-9).

2. 요한복음 1:40-46절을 읽고 내용을 정리하고 아래 물음에 답하라.

내용정리

안드레가 베드로에게 한 일은?

빌립이 나다나엘을 구원하기 위해 한 일 세 가지는?

이상의 내용을 보고 전도자가 치루어야 할 대가는 무엇인가?

3. 고린도후서 5:20절을 읽고 자신에게 이 말씀이 아직 적용되지 않는다면 그 이유가 무엇인가를 생각해 보자.

우리는 그리스도의 무엇인가?

아직 사신(使臣)의 직을 행하지 못하는 이유는?(참고, 마가복음 16:15)

아직도 당신은 예수님을 대수롭지 않게 생각하고 있기 때문이 아닌가?(누가복음 9:26)

4. 고린도전서 9:19-23절의 내용을 읽고 자신의 말로 정리하자.

내용정리

전도자가 왜 많은 사람에게 종이 되어야 하나?(19절)

전도자가 여러 모양이 된 이유는? 당신의 전도 방법은 어떤가?(22절)

당신은 복음을 전하기 위해 어떤 대가를 치루고 있나?(23절)

5. 오늘 말씀을 통해 자신의 전도의 태도나 방법 중 고쳐야 할 것이 있으면 상세히 기록하고 성령님의 도우심을 구하는 기도의 시간을 가지자.

과제물: 성구암송-마가복음 16:15, Q.T-갈라디아서 1:6-12

전도란 예수와 우연히 만나서 일이 되어지는 것이 아니다. 예수께서 인류를 구원하시려고 애쓰신 것에 참여하려면 희생적인 노력이 있어야 한다. -B.A. 무어-

## 제29과

# 그리스도인의 전도생활(Ⅱ)

아프리카 전도에 헌신한 모퍼트(Moffat,Robert)는 "전도에 대해 제1요건은 인내요, 제2도 인내요, 제3도 인내입니다."라고 말했다고 한다. 우리는 전도 대상을 정하고 기도하며 전도하다가도 난관과 어려움이 닥쳐오면 실망으로 포기하는 때가 얼마나 많은가? 희생 없이 전도할 수 없다. 예수님의 고통을 알았던 제자들이 죽음을 각오하고 복음을 전했으며, 곳곳에서 순교의 피를 흘렸기에, 오늘 우리가 이 자리에 앉아서 성경공부를 할 수 있음을 알아야 할 것이다.

## 공부할 내용

1. 지난 주간 과제를 발표하자(성구-마가복음 16:15, QT-갈라디아서 1:6-12)

2. 마태복음 22:1-14절의 내용을 자신의 말로 정리하고 다음 물음에 답하라.

내용정리

초청받은 자들의 반응은? (1-6)

처음 초청받은 사람들은 누구인가?(마태복음 21:31-32)

7절의 내용은 무엇을 가르치나?

왜 사람들은 하나님의 초청을 거부하나?

마지막으로 어떻게 사람들을 부르셨나?

3. 당신의 전도의 대상은 한정되어 있는 것이 아닌가? 다음 성경을 통해 확인해 보자.

마가복음 16:15

디모데전서 2:4

4. 초대교회 성도들의 열의를 사도행전 5:42절을 보면서 자신과 비교해 보자.

5. 전도자의 자세를 다음 성경을 통해 알아보고 느낀 점을 기록하라.

베드로전서 3:15

6. 성경공부를 통해 느낀 점이나 결단한 것이 있으면 기록하라.

과제물: 성구암송-베드로전서 3:15, QT-베드로후서 2:5
한 주간 전도하고 그 결과를 다음 시간에 발표하자.

만일 우리가 하나님의 말씀을 전하면 우리는 하나님을 기쁘시게 하는 일을 행하는 것이 될 것이다. -마틴 루터-

# 제30과
# 그리스도인의 전도생활(Ⅲ)

수많은 사람들이 전도를 하지만 열매를 맺지 못하는 경우가 있다. 이는 자신의 지식과 알고 있는 경험 등을 내세우려 할 때인데, 이는 복음사역을 전도자 자신이 방해하려는 것이다. 우리는 성경을 통해 얼마든지 이 사실을 알 수가 있다. 이 시간 전도자의 일례와 전도를 위해 필요한 몇 가지 조건들을 알아 봄으로 아름다운 전도의 열매를 맺는 전도자가 되도록 하자.

## 공부할 내용

1. 지난 주간 과제물을 발표하자(성구-베드로전서 3:15, QT-베드로후서 2:5, 한 주간 동안 전도한 결과를 발표하자).

2. 다음 성경을 보면서 전도의 중심(주체)이 누구인지 알아보자.

갈라디아서 1:11-12

요한복음 6:44-45

3. 당신은 전도에 대해서 부정적이거나 어렵다는 식의 논리를 내세우며 전도를 두려워하지는 않는가? 다음 성경을 통해 이 문제를 해결하도록 하자.

요한복음 14:26

요한복음 16:7-11

4. 사도행전 4:29절과 31절을 읽고 다음 물음에 대답하자.

내용을 자신의 말로 정리하자.

당신은 전도에 앞서 어떤 준비와 어떤 자세로 임하나?

5. 고린도전서 2:4-5절과 2:10절의 내용을 통해 전도를 주관하시는 성령님의 사역을 알아보자.

과제물: 성구암송- 사도행전 4:31, QT-마가복음 9:14-28

선교사들은 군대의 맨 앞줄에 서 있는 사람이다.

# 제31과
# 참된 예배

아무리 많은 예배를 드려도 하나님의 임재를 느끼지 못하고, 하나님의 사랑에 압도되지 않고, 기쁨으로 찬양을 드리지 못하며, 말씀을 통한 감격과 회개가 없다면 이는 큰 문제가 아닐 수 없다. 인생에 있어 최고의 축제가 바로 예배의 시간이다. 예배는 의무일 뿐만 아니라 축복으로 가득찬 특권이기 때문이다. 결국 예배는 하나님을 경배하므로 일어나는 순수한 기쁨과 즐거움의 시간이요, 삶을 능력있게 하는 또 다른 축복의 시간인 것이다.

## 공부할 내용

1. **지난 주간 과제를 발표하자**(성구-사도행전 4:31, QT-마가복음 9:14-28).

______________________________________________

______________________________________________

______________________________________________

______________________________________________

______________________________________________

2. 히브리서 9:11-22절의 내용을 정리하고 구약시대의 제사와 예수님과의 관계를 기록해 보자.

내용정리

구약의 제사와 예수님과의 관계(히브리서 10:11-12)

3. 로마서 12:1절의 내용을 정리하고 다음 물음에 답하라.

내용정리

제물에 대해 아는 대로 기록하라.

당신은 예배드릴 때 제물의 자세로 드린다고 자신 있게 말할 수 있는가?

지금까지 당신의 예배 태도와 고칠 점을 기록하라.

4. 예배의 의미를 다음 성경을 통해 알아보자.

시편 29:1-2

요한복음 4:24

5. 예배에 임하는 태도를 다음 성경을 통해 알아보자.

기도(빌립보서 4:6)

말씀(사도행전 2:37)

찬송(에베소서 5:19)

6. 예배에 우선되어질 것이 무엇인지 다음 성경을 통해 알아보자.

이사야 1:13

마태복음 5:23-24

요한복음 4:23

7. 각자 성경공부를 통해 예배에 대해 느낀 점을 기록하라.

과제물: 성구암송- 요한복음 4:24, QT- 시편 23편

예배가 시작되기 전 자신과 목사님과 순서를 맡은 분들을 위해 기도하라.
예배에 참석한 모든 형제자매가 성령님의 인도하심을 받게 해 달라고 기도하라.
설교에서 은혜 받은 구절을 기록하고 설교내용을 적어 생활에 적용하라.
찬송가 가사는 깊이 생각하며 부르라.

# 제32과
# 찬송

찬송은 하나님께 영광을 돌리기 위한 노래이다. 구약시대의 이스라엘 백성은 시편을 그대로 곡조에 맞추어 불렀는데 찬송은 각 개인의 영혼을 움직였으며, 악신을 쫓는 유일한 무기였음을 알 수 있다. 어느 누군가 찬송에 대해 "찬송은 무한한 영적가치를 가지고 있다. 찬송의 곡조는 어두운 그늘을 실어 보내고, 넘치는 하나님의 사랑의 햇빛에 잠기게 하며, 얼굴을 평안과 기쁨으로 가득 차게 하며 눈을 빛나게 만든다." 라고 말한 것은 찬송의 능력을 실감케 해주는 말이 아닐 수 없다. 불신자들에게는 찬송이 없다. 그저 허공만을 치고 마음을 쏟아내는 절규일런지는 몰라도 찬송과 같이 받으실 대상이 없는 것이다. 당신은 참으로 영혼의 찬양을 드리고 있는가?

1. 지난 주간 과제를 발표하자(성구-요한복음 4:24, QT-시편 23편).

______________________________________________

______________________________________________

______________________________________________

2. 다음 성경의 내용을 요약하고 느낀 점을 말하라.

찬송의 대상(시편 18:3)

찬송에 대한 하나님의 뜻(이사야 43:21)

찬송의 목적(에베소서 5:19-20)

3. 당신은 어떻게 찬송을 부르고 있는지 다음 성경을 보며 느낀점을 말하라.

시편 108:1-3

골로새서 3:16

시편 47:1

시편 145:3

역대하 23:13

4. 예수님의 찬송은 어떠했는지 마태복음 26:30절의 내용을 그 당시 상황에 맞추어 생각해 보자(참고, 마 26:14-26, 21-25).

5. 신앙인들의 찬송생활을 알아보자.

바울(사도행전 16:23-27)

다윗(사무엘상 16:23)

6. 찬송에 대한 공부를 통해 새롭게 느낀 바를 기록해 보자.

과제물: 성구암송 - 골로새서 3:16, QT-사무엘상 16:1-13

찬송은 무한한 영적 가치를 가지고 있다. 찬송 곡조는 어두운 그늘을 실어 보내고 넘치는 하나님의 사랑의 햇빛에 잠기게 하며 그것은 얼굴을 윤택하게 하며 눈을 빛나게 만든다. -N.B. 해리슨-

## 제33과

# 주일 생활

구약의 안식일은 주일의 그림자요, 모형이다. 주일은 예수님의 부활로 사탄과 죽음의 권세가 파멸된 날로서 새로운 소망을 주신 날이며, 하나님께서 인간을 위해 만드신 날이다. 또한 하나님을 경배하고 찬양하는 축제의 날이요. 하나님께서 정하신 복되고 거룩한 날이다. 주일을 지킨 자 중 망한 자가 없고 주일을 어긴 자 중 흥한 자가 없다. 이 시간 성경을 통해 공부해 보도록 하자.

### 공부할 내용

1. 지난 주간 과제를 발표하자(성구-골로새서 3:16, QT-사무엘상 16:1-13)

2. 창세기 2:1-3절이 주는 교훈을 알아보자.

3. 출애굽기 16:21-30절을 읽고 이 내용이 주는 교훈을 기록해 보자.

내용정리

우리에게 주는 교훈

4. 안식일을 어떻게 지켜야 하는지 다음 성경을 통해 알아보자.

출애굽기 20:8-11

이사야 58:13-14

누가복음 6:6-9

5. 안식일을 주일로 지키게 된 것을 다음 성경을 통해 알아보자.

마태복음 12:8

마태복음 28:1

사도행전 20:7

골로새서 2:16-17

6. 주일을 어떤 자세로 지켜야 하나?

시편 118:24

사무엘상 2:30

7. 주일에는 어떤 일을 할 수 있나?

마태복음 12:5(성전에서의 일)

마태복음 12:11-13(선행)

8. 당신은 주일에 어떤 계획을 세우고 있는가? 오늘 공부를 통해 새롭게 결단한 것이 있으면 기록하라.

나의 주일 계획

새롭게 결단한 것

과제물: 성구암송-출애굽기 20:8, QT-마가복음 3:1-6

진실한 기독교 신자는 복음의 가르침을 따라서 모든 죄악된 생각을 내어버리고 모든 선행을 가슴 속에 간직하고 이 날에 이루어진 우리 주님의 부활을 영광스럽게 함으로써 "주의 날"을 지켜야 한다. -테르툴리아누스-

## 제34과

# 세례와 성찬

세례는 하나님의 은혜 가운데서 죄씻음을 받아 그리스도께 접붙임을 받고 그와 연합하는 표적과 인침으로 예수님께서 세례요한으로부터 세례를 받으심으로 모범을 보이셨다. 성찬식은 예수님의 죽으심을 기념하는 거룩한 예식으로 그리스도께서 재림하실 때까지 지켜야 할 교회의 예식이다. 그리스도의 살과 피에 참여하는 거룩한 시간, 예수님의 사랑과 하나님 나라에 대한 소망을 새롭게 하는 것이다. 이 시간 성경공부를 통해 세례와 성찬을 바로 아는 시간이 되도록 하자.

### 공부할 내용

1. 지난 주간 과제를 발표하자(성구-출애굽기 20:8, QT-마가복음 3:1-6)

2. 세례에 대하여 다음 성경을 찾아봄으로 그 내용을 알아보자.

예수님과 세례에 대해 알아보자(마태복음 3:15).

어떤 자가 세례를 받았는가?(사도행전 2:41)

세례와 구원과의 관계를 알아보자(마가복음 16:16).

3. 마태복음 26:26-29절의 내용을 보면 성찬의 기원이 예수님으로부터 시작되었음을 알 수 있다. 다음 물음에 답하라.

내용을 정리하라.

예수님의 피는 내 죄를 위해 돌아가신 언약의 피이다. 이 예식에 참여할 때 어떤 자세로 참여하는가?

떡과 피는 무엇을 상징하는가?

4. 성찬에 참여하는 자에게 무엇을 강조하는가? 고린도전서 11:26-29을 보며 다음 물음에 답하라.

고린도전서 11:26절은 무슨 내용인가? (두 가지로 요약하라)

①

②

27-29절의 말씀이 강조하는 내용은 무엇인가? 아래 성경과 비교하며 성찬의 규례를 더 상세히 알아보자.

강조하는 내용

고린도전서 11:18-20

고린도전서 11: 34

5. 말씀을 통해 느낀 성찬과 세례에 대해 느낀 점을 기록하자.

과제물 : 성구암송 - 고린도전서 11:26, QT - 빌립보서 4:1-7

예수님께서도 세례 요한에게 세례를 받으셨다. 이는 예수님께서 하나님의 의를 이루시기 위함이셨다. 성찬식에 대해서는 여러 가지 학설이 있다. 오늘날 개신 교회는 영적 임재설(칼빈의 주장)을 따르고 있다. 이는 예수님께서 육체적으로 임하는 것을 부정하고 영적으로 임재하신다는 것을 인정하고 있다. 이는 떡과 피가 예수님의 살과 피를 상징한다는 견해이다.

## 제35과

# 청지기 생활(Ⅰ)

사람은 하나님께로부터 이 세상의 관리를 위탁받은 청지기로서 그 어떤 것도 인간 스스로 창조할 수 없는 피조물이다. 그러므로 영원한 내 것은 없다. 아무리 길어야 100년 이내의 시간 속에 한정되어 있기 때문이다. 결국 주신 분도 하나님이시요, 어느 시간엔가 다시 가져가실 분 역시 하나님이심을 기억하는 사람일수록 세상사는 동안 위탁받은 관리를 하나님의 뜻에 맞게 효과적으로 수행할 수 있는 것이다.

### 공부할 내용

1. 지난 주간 과제를 발표하자.(성구 -고린도전서 11:26, QT- 빌립보서 4:1-7)

2. 다음 성경의 내용을 이해하고 느낀 점을 기록해 보자.

창세기 1:1

창세기 1:28

누가복음 16:1-3

로마서 11:36

3. 하나님은 우리의 모든 분야에서 주인이시며 우리는 그분의 청지기임을 알아야 한다. 다음 성경을 통해 나 자신의 불성실한 부분이 어디인지 알아보자.

창세기 2:7

전도서 3:1(참고, 에베소서 5:15-16)

로마서 12:6-8

4. 당신은 위에 나타난 각 분야에서의 청지기 직분을 잘 감당하고 있는가?

당신의 하루 일과를 말해보자(출애굽기 20:7-9)

자신에게 특별히 주어진 재능은 무엇이며, 그 재능을 어떻게 사용하고 있나? (야고보서 1:17)

5. 앞으로 자신에게 주어진 생명과 시간 재능에 대한 구체적인 계획을 알아보자(고린도전서 10:31).

과제물 : 성구암송-시편 90:12, QT-마가복음 4:1-9

청지기란 주인의 것을 잠깐 동안 맡아서 관리하는 자를 말한다. 재산이나 직업 직분 모두 우리의 것이 아니고 하나님의 것이다. 이 청지기정신은 루터나 칼뱅의 직업 소명설에도 잘 나타나 있다. 그리스도인이 청지기정신을 버린다면 그야말로 타락한 교회 타락한 성도가 될 것이다.

## 제36과

# 청지기 생활(Ⅱ)

시작은 반드시 마지막을 전제로 한다. 사람의 태어남이 바로 결산을 예고하는 것이다. 한 평생을 살아가는 수많은 조건들과 재료 그리고 자본들을 대가없이 지불받는다. 그러나 그 주어진 축복의 조건들이 유명무실해질 때 그 조건들을 거두어 가실 뿐 아니라 책임까지 반드시 물으신다. 일없이 빈둥거리며 놀고 먹는 사람들을 생각해 보자. 우리의 생각도 역겨운데 만약 하나님의 일에 놀고 먹는 놈팽이라면 주님 앞에 가서 무엇이라고 변명할 수 있겠는가? 이 시간 청지기로서 부족함이 없는 자들이 되도록 결단하는 시간이 되기를 바란다.

## 공부할 내용

**1. 지난 주간 과제를 발표하자**(성구-시편 90:12, QT-마가복음 4:1-9).

2. 마태복음 25:14-30절의 내용을 읽고 재능에 대한 교훈을 알아보자.

내용을 자신의 말로 쉽게 요약하라.

주인이 종들의 재능대로 자기 소유를 맡겼다고 했는데 이 주인의 마음은 그들에게 나누어 주면서 어떤 마음을 가졌을까?(고린도전서 4:1-2)

다섯 달란트와 두 달란트 받은 자들의 칭찬과 상급은 무엇이었는가?

두 달란트 받은 사람은 자신이 다섯 달란트 받지 못함에 대해 원망하는 기색이 전혀 없다. 당신은 직분이나 매사에 있어 자신의 재능이 인정받지 못함에 대해 원망하거나 불평하다가 그 주어진 직분까지 소홀히 여기는 잘못은 범하지 않는가?(23절)

한 달란트 받은 자의 마음 속에는 자신의 재능이 과소평가된 데 대한 불만과 주인에 대한 불신이 없지 않음을 알 수 있다. 자신에게 아무리 합당한 핑계가 있다 해도 그의 결국이 너무나 비참함을 보면서 당신은 인정받기 좋아하는 성격 때문에 주님께서 원하시는 봉사를 못하고 있지는 않은가? (24-30절, 마태복음 25:40, 잠언 18:12)

3. 하나님께서 주신 재물의 청지기로서 부족함은 없는지 다음 성경을 통해 알아보자.

디모데전서 6:7-10

마태복음 7:19-20

욥기 1:21(참고 전도서 5:15)

고린도후서 9:7

4. 마태복음 6:19-21절의 내용을 읽고 이해하고 느낀 점을 말해보자.

5. 말라기 3:8-11절의 내용을 자신의 말로 기록하자(참고, 레위기 27:30).

6. 결국 우리의 모든 재능, 재물, 그리고 은사는 무엇을 위해 사용되어야 하나?

고린도전서 10:31

에베소서 4:12

7. 청지기 공부를 마치면서 새롭게 결심한 것이 있다면 기록해 보자.

과제물 : 성구암송- 고린도전서 10:31, QT- 빌립보서 3:1-16

당신에게 수입이 있을 때 먼저 주님께 드릴 것을 따로 떼어 놓음으로 주님의 인도하심에 따라 사용되게 하라. 일단 떼어 놓은 돈은 주님의 것이기에 다른 목적에 사용되어서는 결코 안 된다.
정기적으로 헌금 외에, 특별한 헌금을 드림으로 당신을 더욱 번창케 하시기를 원하시는 하나님의 뜻을 받들어 섬긴다면 당신은 물질적인 보화보다 더 귀한 영적인 보화를 얻을 것이다.

## 제37과

# 장래에 대한 계획(직업)

사람들이 아무리 아름다운 계획을 세우고 실행하여도 그 결과가 처음에 예측한 것과 다른 전혀 예상 밖의 결과가 나오는 때가 많다. 아름다운 꿈을 가지고 있었다고 해서 반드시 이루어지지는 않는 것이 인생의 삶이기 때문이다. 그러기에 대다수의 사람들이 장래를 생각하며 까닭모를 불안에 휩싸이기도 한다. 그러나 이런 장래의 문제를 책임져 주실 수 있는 하나님의 계획과 인도를 말씀을 통해 배워보도록 하자.

### 공부할 내용

1. 지난 주간 과제를 발표하자(성구-고린도전서 10:31, QT-빌립보서 3:1-16)

2. 성경에 나오는 인물들의 직업을 알아보자.

베드로의 형제들(마태복음 4:18)

______________________________

______________________________

마태(마태복음 9:9)

______________________________

누가(골로새서 4:14)

______________________________

바울(사도행전 18:3)

______________________________

3. 하나님께서 여러 직업을 가졌던 사람들을 선택하셔서 제자로 삼으셨다. 특히 그들은 직업에 최선을 다하던 중에 불리워졌던 것이다. 주님으로부터 쓰임받기 위해서는 어떤 사람이 되어야 하나?

디모데후서 2:20-21절을 찾아보자.

______________________________

______________________________

______________________________

4. 진로를 결정하는데 있어 자신을 과대평가하여 허황된 꿈을 꾸거나 혹은 자신의 출생을 저주할 정도로 자신을 학대한다면 큰 문제가 아닐 수 없다. 다음 성경을 보며 자신의 모습을 조명해 보고 성경이 제시하는 내용을 귀담아 듣자.

야고보서 4:13-16

______________________________

______________________________

욥기 3:1-3

______________________________

______________________________

5. 진로나 어떤 계획을 세움에 있어 주의할 점을 성경에서 찾아보자.

잠언 3:5-6

잠언 16:9

시편 37:5

6. 히브리서에서는 알지 못하는 일들에 대한 지시와 경고를 통해 기업을 소유했던 축복의 사람들의 사건들이 많이 기록되어 있다. 히브리서의 내용을 살펴봄으로 자신의 문제를 해결하는 시간을 갖자.

히브리서 11:1-3

히브리서 11:7-10

7. 말씀을 통해 느낀 점과 자신의 계획에 따라 해결 받은 점이 있으면 말해보자.

과제물 : 성구암송- 잠언 16:9, QT-시편 44:1-8

어둠 속에서의 선택이란 있을 수 없다. 빛 가운데서만 우리는 사물의 차이점을 볼 수 있다. 이러한 빛을 우리에게 주신 분은 예수 그리스도이시다. -A.W. 헤어-

제 5단원

# 아름다운 생활

## 제38과

# 감사하는 생활

사람들에게 인색한 것이 있다면 그것은 바로 감사일 것이다. 수많은 감사의 조건이 단 하나의 불평스런 사건에 파묻히는 때가 얼마나 많은가? 광야에서 이스라엘 백성들이 흔들렸던 이유가 감사의 사건들을 빨리 잊어버렸기 때문이다. 홍해를 건너 찬양과 영광을 돌렸던 이스라엘 백성들이 수르 광야에서 사흘 길 동안 물을 얻지 못하다가 마라의 쓴 물을 발견하고 원망하는 모습은 참으로 한심한 모습이 아닐 수 없다. 감사를 잊어버리면 아무런 유익이 없다. 이 시간 말씀을 통해 잊어버렸던 감사의 조건들을 되찾는 시간이 되도록 하자.

### 공부할 내용

1. **지난 주간 과제를 발표하자**(성구-잠언 16:9, QT-시편 44:1-8)

2. 누가복음 17:11-19절의 내용을 보고 물음에 답하라.

내용을 쉽게 자신의 말로 정리하라.

고칠 수 없는 문둥병자 10명이 예수님의 능력으로 고침을 받게 된다. 그들이 예수님을 처음 만났을 때의 모습과 낫고 난 다음의 모습을 보며 당신에게는 이런 배은망덕한 모습이 없는지 살펴보자.

(13절, 18절, 시편 50:14-15)

예수님께서는 감사하는 사람을 보시며 흐뭇해 하셨다. 감사하는 그에게 가장 중요한 축복이 임했다. 그것이 무엇인가?(19절)

당신의 마음에 기쁨이 없고 맨 처음 믿은 믿음이 사라져가는 이유가 무엇일까? 그 옛날과 같이 주님과의 감격적인 만남도 없는 것 같다면 오늘 본문에서 해답을 찾아보자(시편 100:4-5).

3. 감사의 조건들을 성경에서 찾아보자.

고린도전서 15:57-58

고린도후서 9:15

데살로니가전서 2:13

4. 다음 성경을 통해 자신의 감사생활을 반성해 보자.

데살로니가후서 2:13

로마서 8:18

데살로니가전서 5:18

5. 오늘 말씀을 통하여 느낀 점과 잊어버렸던 감사의 조건들을 기록하고 감사생활을 위해 서로 기도하는 시간을 가지자.

과제물: 성구암송-고린도후서 9:15, QT-시편 107:8-21

어떤 일이든 하나님께 감사를 돌리지 않을 일은 하나도 없다. 모든 일 그 자체가 감사라는 결과를 주기 위한 주님의 빈틈없는 계획임을 알 수 있는 자만이 감사의 축복을 소유할 수가 있다.

## 제39과

# 아름다운 언어생활

스위스의 교육가 페스탈로찌는 말의 무서움을 이렇게 표현했다. "청춘과 건강은 그 사람의 얼굴을 빛나게 한다. 그리고 거짓은 그 사람의 말을 아름답게 꾸민다. 나는 매끈매끈하게 간 돌을 이쁘다고 한다. 그러나 매끈매끈하게 간 말은 무섭다." 하나님께서 우리들의 하루 삶 속에서 일어난 행동들 가운데서 특히 말에 대해서 민감하다는 사실을 잊어버리고 사는 때가 많다. 당신은 일생 동안의 말이 녹음되어 있다는 사실 앞에 초연할 수 있는가? 아름다운 언어생활은 천국시민만이 할 수 있는 특권이며, 향기이기에 이 시간 말씀을 통해 자신을 점검해 보도록 하자.

### 공부할 내용

1. 지난 주간 과제를 발표하자(성구-고린도후서 9:15, QT-시편 107:8-21).

2. 다루기 힘든 지체인 혀에 대해 성경은 무엇이라고 말씀하는지 알아보자.

야고보서 3:4-8

시편 64:13

3. 악한 자의 말과 의인의 말을 다음 성경에서 찾아보고 자신의 모습과 비추어 보자.

악인의 말

잠언 7:21

잠언 26:22

데살로니가전서 2:5

의인의 말

전도서 12:10

디모데전서 6:3

4. 마태복음 12:36-37절의 내용을 정리하고 느낀 점이 있으면 말해보자.

5. 당신의 말은 분쟁을 일으킬 소지가 없는지 디모데전서 6:3-4절을 보며 잠시 기도하는 시간을 갖도록 하자.

6. 신앙인들의 언어생활을 알아보자.

예수님(누가복음 4:22)

다윗(시편 141:3)

7. 우리는 어떤 말을 해야 하나?

시편 119:172

에베소서 4:29

8. 말씀을 통해 새롭게 결심한 아름다운 언어생활의 계획을 말해보자.

______________________________________________

______________________________________________

______________________________________________

______________________________________________

______________________________________________

과제물: 성구암송-에베소서 4:29, QT-창세기 11:1-9

천천히 조심성 있게 말하라. 단번에 많이 말하지 말며 길게 말하지 말라. 유익하게 말할 수 있는 자는 극히 드물다. 종교를 핑계하는 잡담과 종교상의 한담을 가장 멀리하라. -존 웨슬리-

## 제40과

# 아름다운 교제

성도들의 신앙은 혼자서 성장하는 것이 아니다. 사람들과의 부딪힘 속에서 성장해 가는 것이다. 그러나 자신의 신분에 맞지 않는 교제는 영적상태를 어둡게 만드는 큰 요인이 된다. 성도들은 하나님의 자녀로서의 품위를 지키면서 교제에 임할 때 자신과 이웃, 그리고 하나님의 나라에 큰 유익이 되는 것이다. 잘못된 교제는 영혼을 죽일 수도 있기에 이 시간 성경을 통해서 참된 교제를 배워보자.

### 공부할 내용

1. 지난 주간 과제를 발표하자(성구-에베소서 4:29, QT- 창세기 11:1-9).

2. 바울이 크게 자랑한 교회였던 빌립보교회 성도들의 교제를 빌립보서 2:1-11절까지의 내용을 통해 공부해 보자.

내용을 자신의 말로 쉽게 요약하라.

1절을 보면 그리스도를 중심으로 모든 일을 하고 있음을 알 수 있다. 당신은 매사에 어떤 것에 가장 우선순위를 두나?

당신의 권면은 어디에 기준을 두고 있나?(1절)

교회에서 교제가 성령의 인도하심을 외면하는 인간적인 친교나 취미 혹은 사업위주에 그친다면 세상의 모임과 별 다를 바 없을 것이다. 왜냐하면 그런 모임은 성령의 열매가 없기 때문이다. 별 의미 없는 모임의 대화 역시 무익한 것이기에 영적으로 손해를 당할 수 있음을 알아야 한다. 당신의 일상적인 모임(교제)의 성격은 어떤가? 솔직히 기록해 보자.

당시 빌립보교회의 교제 속에서 어떤 느낌을 받는가?(1-3절)

3. 초대교회의 교제를 보며 아름다운 교제의 모습을 배워보자.

사도행전 2:42

사도행전 4:32

4. 잘못된 교제는 인간적으로 흐르고 더 나아가 교회내의 편당을 가르는 가장 중요한 요인이 되기도 한다. 빌레몬서 1:6절의 내용을 보고 믿음의 교제는 무엇이며, 그 유익에 대해 기록해 보자.

5. 믿음의 교제를 가지는 자만이 그리스도 안에서의 선한 것을 충분히 이해할 수 있다. 믿음의 교제가 없는 자는 언제나 그리스도와 멀리 떨어져 있는 느낌 속에서 신앙의 성장이 없는 어린아이 상태가 될 수밖에 없다. 요한1서 1:3절을 보고 느낀 바를 기록하고 오늘 공부를 통해 새롭게 결단한 것이 있으면 기록해 보자.

과제물: 성구암송-빌레몬서 1;6, 마태복음 18:20,
QT-갈라디아서 4:1-7

교제를 이용한 사탄의 계략은 한 두 사람의 영혼 뿐 아니라 다수의 성도들에게 결정적인 패배를 안겨줄 수 있기에 교제에 앞서 기도하며 성령의 인도하심을 받으므로 무익한 세상적인 교제와는 분명 달라져야만 할 것이다.

# 제41과
# 겸손(I)

하나님께서는 언제나 부족하고 약한 사람을 들어 사용하셨다. 자신에 대한 기대감과 자신감으로 가득 찬 사람이 주님께 쓰임받은 적은 드물다. 원망하며 불평을 일삼는 것은 하나님에 대한 교만이다. 그런 의미에서 "겸손이란 마음의 완전한 평온을 말한다. 초조해하거나 슬퍼하거나 실망하지 않는다. 겸손은 아무것도 기대하지 않으며 내게 일어난 일을 이상하게 여기지 않는다. 아무도 나를 칭찬하지 않을 때나 비난과 멸시를 당할 때에도 겸손은 나를 평안하게 해준다." 라고 말한 앤드류 머레이의 말은 겸손의 정의를 잘 내려준 것으로 볼 수 있다.

1. 지난 주간 과제를 발표하자(성구-빌레몬서 1:6, 마태복음 18:20, QT-갈라디아서 4:1-7)

2. 빌립보서 2:5-8절을 보며 예수님의 겸손에 대해 배워보자(참고, 마태복음 11:29).

3. 성도들이 배워야 될 겸손에 대한 하나님의 명령을 다음 성경을 통해 알아보자.

로마서 12:3

잠언 27:2

4. 베드로전서 5:5절의 내용을 정리하고 다음 물음에 답하라.

내용정리

여기서 장로들은 누구를 가리키나?(디도서 1:9)

당신의 교만 때문에 하나님께서 세우신 영적 지도자를 업신여기거나 함부로 대하며, 판단하거나 무시하는 죄를 범하지 않는가? 이 성품을 고치지 않는다면 하나님께서 당신을 사용하시겠는가?(디모데전서 5:17)

영적 지도자에 대해 겸손할 수 없다면 말씀에 대한 불순종으로 이는 대단한 교만이 아닐 수 없다. 당신은 어떤가?

5. 누가복음 22:24-27절은 예수님의 십자가 죽음에 앞서 제자들과의 모임 중에서 일어난 내용이다. 다음 내용을 보며 느낀 점을 말해보자.

다툰 이유는?

예수님의 답변을 요약하라.

6. 누가복음 14:7-11절에서

내용정리

주님의 말씀에 무엇이 문제라고 하셨나?

주님께서 사람을 사용하시며 높이시는 원칙은?

7. 오늘 말씀을 통해 새롭게 결심한 것이 있으면 말해보자.

과제물 : 성구암송-야고보서 4:10, QT-빌립보서 2:3-11

성경은 하나님의 말씀을 존중히 여기고 두렵게 여기는 겸손한 자가 되기를 원하며 '나를 가르치소서 나를 가르치소서'라고 말하는 사람이 되기를 원한다. -루터-

# 제42과

# 겸손(Ⅱ)

겸손한 자는 대성했고 높임을 받았다. 이는 세상 사람들 뿐 아니라 우리의 주인이신 하나님으로부터 인정을 받은 것이다. 겸손에 대해 많은 글을 쓴 앤드류 머레이의 글을 보면서 지난 시간에 이어 다시 겸손에 대해 공부하도록 하자. "진실로 겸손이야말로 모든 덕의 어머니이고 하나님 앞에서 첫째 되는 인간의 의무이며, 우리의 영혼을 보호하는 영원한 아성(牙城)이다. 여러분의 심령은 이 만복의 근원되는 겸손 위에 터를 잡으라 하나님의 약속은 진실 되고 거짓이 없다. 자기를 낮추는 자를 하나님께서는 반드시 높이실 것이다. 스스로 낮추라고 하신 이 하나님의 요구를 이행하면 하나님께서도 약속하신 그것을 이루실 것이다."

1. 지난 주간 과제를 발표하자(성구-야고보서 4:10, QT-빌립보서 2:3-11).

2. 다음 성경을 통해 겸손했던 신앙인들에 대해 알아보자.

모세(출애굽기 3:11)

예레미야(예레미야 1:6)

세례요한(요한복음 3:29-30)

바울(사도행전 20:19)

3. 하나님께서는 교만한 자를 어떻게 낮추시는지 신명기 8:3절의 내용을 통해 각자 말해보자.

4. 골로새서 2:18-23절의 내용을 통해 다음 사실들을 알아보자.

상을 빼앗기는 이유가 무엇인가?

과장된 겸손의 예를 들어보자.

당신에게는 과장된 겸손이 없는가?

5. 하나님은 교만에 대해 어떻게 경고하시는가?

잠언 11:2

잠언 16:5

6. 겸손한 자가 받는 축복에 대해 알아보자.

잠언 22:4

잠언 29:23

잠언 3:34

야고보서 4:6

야고보서 4:10

7. 빌립보서 2:3-4절의 내용을 자신의 말로 쉽게 정리하고 자신의 문제점 이 무엇인지 말하라.

내용정리

문제점(느낀 점과 결단한내용)

과제물 : 성구암송-잠언 29:23, QT-시편 127:1-5

하늘의 축복과 땅의 축복은 겸손한 자들을 위한 것이다. 겸손이야말로 현세와 내세를 통해 축복받을 수 있는 유일한 비결이다.

# 제43과

# 교만

사람의 성품 중에 가장 뿌리 깊은 것이 교만이라고 한다. 그러기에 이 교만을 뽑아낼 수 있는 것은 그리스도께 완전히 굴복하고 새 성품을 소유할 때에만 가능하다. 우리는 매일 성령님의 인도를 받아야만 하며 이 문제를 위해 기도해야만 하는 것이다. 교만은 늘 지옥으로 인도하는 문이며 지옥의 시작이며, 동시에 저주라고 한 앤드류 머레이의 말을 기억하며 말씀을 통해 참된 겸손을 소유하도록 하자.

1.지난 주간 과제를 발표하자(성구-잠언 29;23, QT- 시편 127:1-5)

2. 교만의 기원을 다음 성경을 통해 알아보자.

마가복음 7:21-22

______________________________

______________________________

요한일서 2:16

______________________________

______________________________

누가복음 18:11-12

______________________________

______________________________

3. 교만의 특징을 다음 성경을 통해 알아보고 자신에게 해당되는 내용을 찾아보자.

다니엘 5:20

______________________________

______________________________

호세아 7:9-10

______________________________

______________________________

디모데후서 3:1-2

______________________________

______________________________

4. 사무엘상 13:8-15절의 내용을 정리하고 사울의 교만에 대해 각자 말해보자.

내용을 자신의 말로 쉽게 요약하라.

______________________________

______________________________

사울의 신앙적 교만은 무엇인가?

______________________________

______________________________

사무엘은 무엇을 책망했는가?

______________________________________________

______________________________________________

사울의 결과는? (사무엘상 31:2-6)

______________________________________________

______________________________________________

5. 교만한 자는 하나님의 말씀에 순종하지 않는다. 그리고 말씀을 자신에게 맞추어 이용한다. 믿음의 조상 아브라함의 모습은 이와는 정반대로 무조건적인 순종이었다. 순종이 겸손이며 축복임을 알아야 할 것이다. 이 말씀을 통해 느낀 자신의 문제점과 새로운 결의를 기록하고 서로를 위해 기도하는 시간을 가지자.

과제물 : 성구암송- 잠언 22:4, QT- 누가복음 18:13-14

성령은 교만한 자를 물리치신다. 열심히 연구하고 진지하게 말씀을 전한다고 해도 교만하면 하나님께서는 교회 사역에서 배제하실 것이다. -루터-

# 제44과

# 형제 사랑

형제 사랑이 이루어지지 않을 때 자신의 신앙 성장과 그가 속한 공동체(가정, 다락방, 교회)에서의 아름다운 교제와 기쁨을 맛볼 수 없고 신앙의 성숙 역시 침체현상을 벗어날 수 없으며, 하나님을 향한 봉사는 아예 생각조차 할 수 없는 것이다. 혹시 봉사를 해도 아무런 결실이 없는 자신의 만족을 채우는 정도에 불과할 것이다. 그리스도인들의 형제 사랑은 대상이 한정되어 있지 않다. 기도와 경건생활, 그리고 여러 사역들이 형제사랑 없이는 모든 것이 불가능하다는 사실을 알고 이 시간 공부를 통해 자신의 문제점을 발견하고 능력 있고 아름다운 공동체 생활을 시작하도록 하자.

1. 지난 주간 과제를 발표하자(성구-잠언 22:4, QT-누가복음 18:13-14)

2. 로마서 13:8-10절의 내용을 읽고 다음 물음에 답하라.

내용을 정리하라.

남을 사랑하는 자가 율법을 다 이루었다는 말씀이 무슨 내용일까?

당신은 율법은 잘 지킨다고 하면서 사랑의 실천이 부족하지는 않은가? 이 점에 대해 말해보라.

본문의 말씀 가운데 어떤 내용이 가장 마음에 와 닿는가? 그 이유는?

3. 형제 사랑에 관한 하나님의 가르치심을 다음 성경을 통해서 알아보자.

로마서 12:10

데살로니가전서 4:9

4. 요한복음 13:34-35절의 말씀이 주는 내용을 알아보자.

예수님께서 우리에게 베푸신 사랑에 대해 서로 토의해 보자.

본문에서 "서로"라는 말씀이 세 번이나 기록되어 있다. 그 의미가 무엇이라고 생각하나?

제자들은 어떤 일을 하는 자들인가? 그리고 사랑과 제자를 연관시킨 데 대하여 어떻게 생각하나?

5. 다음 성경이 주는 교훈을 찾아보자.

히브리서 13:1

베드로후서 1:5-7

6. 다음 성경을 통해 자신의 문제점을 알아보고 느낀 점을 솔직하게 말해보라.

마태복음 5:44, 46

마태복음 22:39

7. 느낀 점과 결단을 말하라.

과제물 : 성구암송- 마태복음 5:44, QT-요한일서 4:7-21

사람들이 서로 사랑할 때 하나님께서 사랑의 현장에 오신다. -루터-

## 제45과

# 하나 되는 신앙공동체

교회가 하나가 되는 것은 주님의 명령이며 바람이기에 이 말씀을 지키지 않고는 도무지 하나님께 영광을 돌려 드릴 수 없을 뿐 아니라 빛과 소금의 역할을 감당할 수 없다. 하나가 되는 것은 가장 중요한 신앙의 원리임에도 오늘날 수많은 사람들이 그 중요성을 모르고 이 말씀을 지키지 않으므로 복음전파에 막대한 손실을 끼침은 물론이고 성장하는 어린 영혼들을 무참하게 짓밟아버리기도 한다는 사실 앞에 우리는 숙연해져야 한다. 나 자신도 모르게 하나 되는 것을 가장 싫어하는 사탄의 노리개가 된다면 그 엄청난 책망을 어떻게 감당할 수 있겠는가? 이 시간 말씀을 공부하며 나 자신의 모습을 발견하도록 하자.

### 공부할 내용

1. 지난 주간 과제를 발표하자(성구-마태복음 5:44, QT-요한일서 4:7-21).

2. 십자가에 달리시기 전 예수님께서는 하나님께 간절히 기도를 드렸다. 그 기도의 내용인 요한복음 17장에서 우리는 주님의 뜻을 발견할 수 있다. 요한복음 17:20-22절을 읽고 다음 물음에 답하라.

내용을 쉽게 자신의 말로 요약하라.

성도들이 하나가 되어 아버지께서 예수님을 보내신 것을 믿게 해달라는 주님의 기도를 보면서 무엇을 느끼나?(21절)

예수님의 기도는 결국 하나님의 영광을 나타내기 위해서는 하나가 되어야 한다는 주님의 바램을 나타낸 것으로 알 수 있다. 그렇다면 하나가 되는 것은 복음 전파와 하나님의 영광을 나타내는 결정적인 요소가 아니가? 이 점에 대해 느낀 점과 자신의 모습을 솔직하게 말하라(22절).

3. 에베소서 4:1-6절의 내용을 정리해 보고 다음 물음에 답하라.

내용정리

하나 되는 방법이 무엇인가?

하나 되지 못하는 이유는?

4. 아직까지도 자신의 마음이 형제(성도)들에게 열리지 않는가? 이는 자신에게 문제가 있음을 알아야 한다. 고린도전서 1:10절의 내용을 읽고 느낀 점을 말하라. 주님은 불가능한 것을 명령하지 않으시는 분임을 기억하자.

5. 성도가 하나가 되었을 때 그 결과에 대해 다음 성경을 통해 알아보고 자신에게 돌아가는 유익이 무엇인지 알아보자.

에베소서 2:16-19

베드로전서 4:10-11

6. 교회생활에서 자신이 하나 될 수 있었던 간증을 잠시 동안 해보자.

과제물 : 성구암송-에베소서 4:3~4, QT- 한 주간 동안 불편한 관계에 있는 사람과 하나 되기를 노력하고 그 결과를 발표하자.

어떤 공동체이든 팀웍을 이루지 못하면 목적을 이룰 수 없다. 주님께서 교회를 그리스도의 몸이라고 표현한 것은 여러 지체가 머리되신 주님의 뜻에 합심하여 하나 되기를 원하시는 간절한 바램이 있기 때문이다. 그 어떤 것보다 하나 되는 일이 중요하다.

## 제46과

# 아름다운 가정생활

가정은 하나님께서 만드신 최초의 공동체로, 하나님의 뜻에 의해 움직인 가정은 하나님의 축복을 받았다. 가정의 파괴는 사회와 국가에까지 막대한 영향을 끼칠 수 있다. 가정은 두 사람이 몸으로 마음으로 하나가 된 곳인데, 두개의 뜻, 두개의 이상, 두개의 목적이 있을 수 없다. 오직 가정의 주인은 하나님이셔야만 하는 것이다. 말씀을 통해 아름다운 가정의 모습을 배워보자.

### 공부할 내용

1. 지난 주간 과제를 발표하자(성구-에베소서 4:3~4, QT-하나 되기 위해 노력한 결과를 발표하자).

2. 창세기 2:22절을 통해 최초의 가정 설립자와 가정의 귀중함을 알아보자.

3. 가정의 중요성에 대해 알아보자.

마태복음 19:6

고린도전서 7:3

디모데전서 5:8

4. 가정이 왜 거룩해져야 하나? 고린도전서 7:14절을 통해 알아보자.

5. 성경에 나타난 가정의 문제를 알아보자.

창세기 25:28

창세기 4:8

마태복음 21:28-30

6. 그리스도인의 가정생활은 어떠해야 하나?

사도행전 16:31

디모데전서 5:8

욥기 1:5

7. 성경 말씀을 통해 느낀 바를 각자 말해보고 가정을 위한 앞으로의 계획을 말해보자(참고, 갈라디아서 6:7).

과제물 : 성구암송 - 에베소서 5:33, QT - 창세기 37:1-11

하나님께서 만드신 가정에서 성공할 수 없는 사람이 하나님의 일꾼으로 쓰임 받을 수 없음은 너무나 자명한 사실이다.

## 제47과
# 인생이란 무엇인가?

지금까지 아름다운 생활이 어떤 것인지를 공부했다. 이 시간에는 인생이 무엇인지 말씀을 통해 생각해보자. 영국의 극작가 셰익스피어는 인간을 신의 걸작품으로 "미의 극치, 만물의 영장"이라고 하였고, 독일의 시인 괴테는 자신의 운명을 전혀 알 수 없는 경박한 존재라고 하였다. 인간 존재의 의미조차 모르며 살아간다면 얼마나 우스운 일인가. 이 시간 말씀을 통해 공부해 보자.

### 공부할 내용

1. 지난 주간 과제를 발표하자(성구-에베소서 5:33, QT-창세기 37:1-11).

2. 성경은 인생을 어떻게 표현하고 있나 알아보자.

이사야 41:14

야고보서 4:14

베드로전서 1:24

3. 이사야 45:18절의 내용을 정리하고 느낀 점을 말해보자.

4. 다음 성경을 보며 창조주 하나님과 피조물 인간에 대해 알아보자.

이사야 43:7

창세기 1:28

5. 하나님은 당신을 어떻게 대하시는가?(요한일서 4:10)

6. 하나님께서 가장 싫어하시는 것이 무엇인가? 다음 성경을 통해 알아보자.

로마서 3:23

요한일서 1:8

7. 고린도전서 8:6-7절의 말씀의 내용을 정리하고 당신의 현재의 삶이 어떠한지 말해보자. 자신이 하나님을 외면했을 때의 모습을 간증해 보자.

과제물 : 성구암송-요한일서 1:9, QT-자유롭게 선택하라.

가장 귀한 독생자, 외아들을 내어 주신 하나님께서 우리를 사랑하시는 것은 너무나 당연한 사실이다. 문제는 이 사랑을 허비하느냐, 귀하게 받느냐에 따라 삶이 달라지는 것이다.

## 제48과

# 능력 있는 삶

사람을 능력 있는 삶으로 인도하는 힘은 오직 창조주 하나님의 세심한 보살핌 안에서만 가능한 일이다. 믿음은 인간의 삶 자체를 죄로부터의 해방에만 한정시키는 것이 아니라 인생의 모든 삶 속에 역사하는 것이다. 이 시간 믿음의 장애물과 자신의 문제가 무엇인지 다음 성경을 통해 알아보자.

### 공부할 내용

1. 지난 주간 과제를 발표하자(성구- 요한일서 1:9, QT-자유롭게 발표).

2. 믿음을 통해서 무엇을 소유할 수 있나?

사도행전 10:43

마가복음 16:16

요한복음 1:12

에베소서 3:12

3. 믿음의 장애물이 무엇인지 다음 성경을 통해 알아보자.

요한복음 5:44

로마서 11:20

4. 믿음의 장애요소 중 내적인 요소를 알아보자.

야고보서 1:15

창세기 4:3-8

잠언 21:4

잠언 28:25

5. 디모데전서 6:3-6절의 내용을 쉽게 요약해 보고 자신의 고칠 점을 살펴 보자.

6. 마가복음 7:24-30절을 읽고 수로보니게 여인에게서 배워야 할 믿음의 내용을 열거하고 서로 토의하자.

7. 마가복음 5:22-23절의 회당장 야이로에게서 배워야 할 믿음은 무엇인가?

8. 히브리서 11:1절의 내용을 자신의 말로 쉽게 요약하고 오늘 성경공부를 통해 느낀 점을 기록하자.

과제물 : 성구암송- 히브리서 11:1, QT-자유롭게 선택

하나님의 능력이 미치지 못할 만큼 큰 것은 없으며, 또 그의 사랑을 받기에 너무 작은 것도 없다. -요나단 고포스 부인-